雷霆万钧

第二次世界大战著名空战

胡元斌 严 锴 主编

台海出版社

前言PREFACE

　　1937年7月7日，驻华日军在卢沟桥悍然向中国守军开炮射击，炮轰宛平城，制造了震惊中外的"七七事变"，中国的抗日战争全面爆发。1939年9月1日，德国入侵波兰，第二次世界大战正式开始。1945年9月2日，日本签署投降书，第二次世界大战宣告结束。

　　这是人类社会有史以来规模最大、伤亡最惨重、造成破坏最大的全球性战争，也是关系人类命运的大决战。这场由德、意、日法西斯国家的纳粹分子发动的战争席卷全球，世界当时人口总数的80%的20亿人口受到波及。这次世界大战把全人类分成了两方，由美国、苏联、中国、英国、法国等国组成的反法西斯同盟国与由德国、日本、意大利等国组成的法西斯轴心国，进行对垒决战。全世界的人民被拖进了战争的深渊，迄今为止这是人类文明史上绝无仅有的浩劫和灾难。

　　在这场大战中，交战双方投入的兵力和武器之多、战场波及范围之广、作战样式之新、造成的损失之大、产生的影响之深远都是前所未有的，创造了许多个历史之最。

　　第二次世界大战的胜利具有伟大的历史意义。我们历史地、辩证地看待这段人类惨痛历史，可以说，第二次世界大战的爆发给人类造成了巨大灾难，使人类文明惨遭浩劫，但同时，第二次世界大战的胜利，也开创了人类

历史的新纪元，给战后世界带来了广泛而深远的影响。促进了世界进入力量制衡的相对和平时期；促进了一些殖民地国家的民族解放；促进了许多社会主义国家的诞生；促进了资本主义国家的经济、政治和社会改革；促进了世界科学技术的进步；促进了军事科技和理论的进步；促进了人类认识史上的一场伟大革命；促进了世界人民对和平的深刻认识。

第二次世界大战的胜利也是世界人民反法西斯战争的胜利，成为20世纪人类历史的一个重大转折，它结束了一个战争和动荡的旧时期，迎来了一个和平与发展的新阶段。我们回首历史，不应忘记战争给我们带来的破坏和灾难，以及世界各个国家和人民为胜利所付出的沉重代价。我们应当认真吸取这次大战的历史经验教训，为防止新的世界大战发生，维护世界持久和平，不断推动人类社会进步而英勇奋斗。

这就是我们编撰《第二次世界大战纵横录》的初衷。该书综合国内外的最新研究成果和最新解密资料，在有关部门和专家的指导下，以第二次世界大战的历史进程为线索，贯穿了第二次世界大战的主要历史时期、主要战场战役和主要军政人物，全景式展现了第二次世界大战的恢宏画卷。

该书主要包括战史、战场、战役、战将和战事等内容，时空纵横，气势磅礴，史事详尽，图文并茂，具有较强的历史性、资料性、权威性和真实性，非常有阅读和收藏价值。

雷霆万钧

目录 CONTENTS

第二次世界大战著名空战

雷霆万钧

闪击丹麦、挪威

　　德军闪击丹麦、挪威时的空降作战，是战争史上第一次大规模的空降作战。法西斯德国侵占波兰后，即加紧了对西线进攻的准备。丹麦、挪威都是小国，国防力量薄弱。丹麦只有两个步兵师，并且未作战争准备；挪威有6个步兵师，其防御作战计划也较落后。德军针对丹麦、挪威的这些弱点，采取了闪击战术，并在闪击战中使用了空降兵，一举攻占了这两个国家。

德军实施
"威塞尔演习" 计划

法西斯德国侵占波兰后，即加紧了对西线进攻的准备。为了保障向西进攻时的北翼安全，同时夺取北欧战略原料产地，德国决定首先攻占丹麦、挪威。

丹麦、挪威都是小国，国防力量薄弱。丹麦只有两个步兵师，1935年与德国签订互不侵犯条约后，认为加强战备反会引起德国的猜疑，因而未作战争准备。

挪威有6个步兵师，但人数不足，并分布在全国各地，其防御作战计划是建立在英、法派遣远征军的基础之上的。

德军针对丹麦、挪威的这些弱点，采取了闪击战术，并在闪击战中使用了空降兵。

德军于1939年10月开始进行入侵作战的准备，代号是"威塞尔演习"。

其空降作战计划的要点是：

第一阶段，使用伞兵在丹麦战略要地空降，以保障从海上登陆的部队和从地面越过边境的部队快速向前推进，一举占领丹麦。与此同时，使用另一支伞兵夺占挪威南部的重要机场，保障主力机降，尔后从后面突击挪威港口，接应登陆部队上陆岸。

第二阶段，视情况在挪威中部、北部地区空降，以保障地面部队快速向内地发展，迅速占领挪威全国。

空降兵在第一阶段的具体任务是：

在丹麦，夺取奥尔堡两个机场，夺占丹麦首都哥本哈根的门户——沃尔丁堡大桥；

在挪威，夺取奥斯陆的福内布机场，夺取斯塔万格的索拉机场。

计划使用的作战部队除7个步兵师、一个摩托化旅外，还有一个伞兵团及3个机降步兵团，共14万人，其中空降作战部队约10000人。

德入侵部队的总指挥官为法尔肯霍斯特上将，伞兵及航空兵由第十航空军司令盖斯勒中将指挥。保障空降的有第五航空队以容克－52为主的500架运输机，德国北部的施塔德、石勒苏益格及尤太森等3个机场为空降出发机场。

刚跳下飞机的空降兵

德军一举攻占
丹麦全境

1940年4月9日凌晨，德军开始发动入侵丹麦的战争。

7时许，德军伞兵第一团在丹麦北部奥尔堡的两个机场伞降。在德军的突然袭击下，丹麦军队未作任何抵抗，因此德军没有动用更多的兵力即控制了机场。

紧接着，准备用于挪威的第一五九步兵团在此降落，使奥尔堡成为德军向挪威空运部队的跳板。

在向奥尔堡空降的同时，伞兵第四连的其他人员在连接西兰岛与法尔斯特岛的沃尔丁堡大桥附近伞降。

伞兵着陆时，地面没有枪炮声，也没有警报声，丹军阵地一片寂静。为此，伞兵没有打开空投的武器箱，只用随身佩带的手枪投入战斗，并在数分钟内解除了大桥守备分队的武装。

一个班利用缴获的自行车，迅速奔到桥上，守桥卫兵一枪未发就投降了。至此，伞兵完整无损地夺取了这座大桥。这一交通咽喉被控制后，从格塞岛登陆的德军进攻部队毫无阻挡地向丹麦内地推进，一举进入丹麦首都哥本哈根。开战仅4个小时，丹麦便宣布投降。

二战时的德军

德军出其不意
使用空降兵

在挪威，运载第一伞兵团第一二连飞往挪威首都福内布机场的第一波29架运输机，在飞越斯卡格拉克海峡时，遇上浓雾，被迫改在刚占领的丹麦奥尔堡机场降落。

与第一波间隔20分钟，运载第三二四步兵团第二营的第二波飞机，接到第十航空军的返航命令。其中，第一个大队的指挥官认为这是敌军发出的假命令，他没有执行，指挥所属的飞机继续朝福内布飞去。

这时，在福内布上空担负掩护任务的德战斗机，由于等待运输机的到来超过了规定的时间，油料耗尽，在第一个运输机编队进入机场上空时，即在福内布机场降落。

着陆后，他们使用飞机上的机枪压制了机场上的守军。

9时17分，运载步兵的飞机飞来，并在已着陆的战斗机火力掩护下顺利着陆。机降步兵和机组人员一起，攻击了机场内的守军，夺取了一个挪军机枪阵地，控制了机场。

此时，德驻挪威使馆的陆空军武官驱车来到机场，他原是来接应空降部队的，看到这种情况后，立即命令机组人员向上发报，报告福内布机场已被控制。

奥尔堡接到电报后，即转告汉堡第十航空军司令部。但由于空降计划已被打乱，空降部队分散降落在各个机场，3个小时后，作战部队才空运到福内布机场。傍晚，第三二四步兵团全部着陆，有3000余人。

此时，德军舰载部队在奥斯陆港外遭到挪威军舰和岸炮的阻击，不能靠

岸。为了赶紧占领奥斯陆，根据上级命令，在福内布着陆的空降部队以1500人组成数个阅兵方队，头扎彩带，在航空兵的掩护下，以古代征服者的姿态，沿着主要街道开进奥斯陆的市中心。

由于空降兵突然出现在首都，挪威政府没有任何准备，同时，德军的行动得到挪威国防部长吉斯林为首的法西斯特务组织"第五纵队"的策应，因此，德空降部队兵不血刃地占领了这个有30万人口的城市。紧接着，空降部队从背后进攻港口，使登陆部队迅速上陆。

9时20分，另一批运载第一空降团第三连的12架飞机，穿过积云，有11架按计划在重要港口斯塔万格的索拉机场伞降，伞兵跳伞高度为120米，着陆后经半小时战斗占领机场。

随后步兵第一九三团两个营机降。部队着陆后，从机场向北突击，很快占领了斯塔万格。在空降部队进行突击的同时，从海上登陆的部队未遇抵抗，占领了克里斯蒂安桑和卑尔根等港口。至此，德军入侵的第一阶段作战结束。

德军第二阶段的作战是抢在英军行动之前，向

已经跳伞的空降兵

已经跳伞的空降兵

北发展，将分隔的各个空降战斗地区连接起来，并向挪威内地快速推进，以便在较短的时间内全部控制这个国家。

1940年4月11日，德军用12架飞机在挪威北部港口纳尔维克机降了一个山地榴弹炮连，以增援两天前在这里登陆的部队。飞机在港口北16公里已结冰的哈特维格湖面降落，以后又运送了部队和装备。

4月15日傍晚，德第一空降团第一连150人在挪威中部交通枢纽的当博斯城以南6公里处空降，任务是阻止由奥斯陆撤退下来的挪威部队与从安达尔斯内斯登陆的英军会合。

但由于空降散布广，只集合了63人，同时天气不好，不能从空中得到补给，在1000多名挪军的围攻下，德伞兵战斗至4月19日，剩下34人，全部被俘。

以后德军力量得到不断增强，至1940年6月10日占领了挪威全境。

德军在丹麦、挪威的空降作战中，共损失运输机170余架，空降部队伤亡1000余人。德军首次大胆和出其不意地使用空降兵，虽然付出了很大代价，但获得成功，一时震惊世界。

德国军队第二次世界大战时在战略战术方面有很多创造，如闪电战，如坦克集团。德军此次在丹麦、挪威的空降作战，是战争史上第一次大规模的空降作战。

雷霆万钧

荷兰空降作战

　　荷兰空降作战是历史上首次使用伞兵攻击敌方战略目标的战争。1940年5月，德国空军使用飞机投放伞兵至荷兰的主要机场、鹿特丹和海牙，迅速瓦解了荷兰军队的抵抗。此战役在轰炸鹿特丹后结束。在德国空军掌握绝对制空权下，荷军参谋部知道其弱小的空军不能阻止德国空军轰炸其他重要城市，为了避免造成大量平民伤亡，荷兰政府最终被迫投降。

希特勒疯狂发动
西欧战争

1939年10月，德国开始策划对西欧的进攻，希特勒为此下达了第六号指令，陆军总司令部拟定了行动计划，代号为"黄色方案"。

这个作战计划，实际上是第一次世界大战"施里芬计划"的翻版，即通过比利时的中部，向法国首都巴黎实施主要突击。

1940年1月10日，一名携带西线作战计划的德军军官因座机迷航在比利时迫降，使该计划落入英、法手中。

德军"A"集团军群参谋长曼施坦因认为，如果再执行这一计划，势必难以实现战略突然性。他在各种场合不断强调：法国阵地的弱点位于马其诺防线的西北端，即马其诺工事与盟军机动地段的接合点。进攻部队的大部分兵力应直奔这个方向。

曼施坦因不顾陆军总参谋长哈尔德等高级将领的反对，建议改向阿登山区实施主要突击。希特勒对此本能地产生浓厚兴趣。

1940年2月24日，德军最高统帅部发布了一道指令，正式采纳了曼施坦因的意见。经过修改后的作战计划，主要进攻方向为通过阿登山区，首先攻占荷兰、比利时、卢森堡和法国的北部，击溃法国北部之英、法军队，尔后再从西、北两个方向进攻巴黎。在马其诺防线正面，开始只以佯攻牵制，待主力攻占巴黎、绕至该防线侧后时，再进行前后夹击，围歼该防线法军主力。德国占领丹麦，并在挪威取得决定性的胜利以后，希特勒认为进攻西欧的时机已经成熟。

至1940年5月初，德军已在北海到瑞士一线集中了136个师、坦克3000多辆、飞机4500多架，编为3个集团军群。具体部署如下：

"A"集团军群由伦德施泰特上将指挥，辖第四、第十二和第十六集团军，共44个师，由第三航空队支援，配置在亚深至摩泽尔河一线，是主要突击集团，任务是经过卢森堡和比利时的阿登山区，向圣康坦、阿布维尔和英吉利海峡方向实施突击，割裂法国北部和比利时境内的英、法军队。

二战时的士兵

　　"B"集团军群由博克上将指挥，辖第六和第十八集团军，共28个师，由第二航空队支援，配置于荷、比国境线直至亚琛地区，任务是突破荷边境上的防线，占领荷兰全境和比利时北部。

　　"C"集团军群由勒布上将指挥，辖第一和第七集团军，共17个师，配置在马其诺防线正面，进攻开始时先实施佯动，牵制法军。德军战略预备队共47个师，配置在莱茵河地区。

　　英、法等盟国在战前均无充分准备。法国认为德国打败波兰后，可能会继续向东进攻苏联，即使要进攻法国，也要在四五年以后；英国则指望地面作战由其盟国承担，自己只负责海上封锁和对德国战略轰炸；荷、比、卢三国则抱有严守中立可免遭侵略的幻想。

　　盟军的作战计划直至1940年3月才确定。该计划规定，如德国向比利时实施主要突击，则以两个法国集团军和一个英国集团军向比利时机动，在比利时军队的协助下，将德军阻止在代尔河一线；如德军向马其诺防线实施正面进攻，则以一个集团军群坚守防御，以另一个集团军群进行增援，英国海军从海上封锁德国。

　　荷、比、卢、法和英国远征军共有147个师、3000余辆坦克、1300多架飞机，还有可利用的英国本土1000多架飞机。荷兰的10个师、比利时的22个师，均配置在本国东部国境线附近。英、法军队共114个师，编为3个集团军群，分别配置于法国北方各省和德、法边境的马其诺防线及其以东地域。

　　1940年5月10日，德军向荷兰、比利时、卢森堡、法国展开了全线进攻，荷兰首当其冲。德军在进攻荷兰时，再次使用了空降部队。进攻荷兰的德军为第十八集团军，共10个步兵师和一个伞兵师、一个机降师，指挥官是库赫勒将军。德军对荷作战的企图是：

　　以空降兵的突然袭击保障地面部队快速越过荷兰国境，突破哥雷比-皮尔防线的防御，向鹿特丹、海牙两地进击。

纳粹军诡秘
使用秘密武器

保持中立的荷兰是欧洲首批进行战争动员的国家之一。

1939年9月，在德军入侵波兰的第二天，荷兰政府就下达了战争动员令，此后一直保持着防御作战准备状态。

荷兰的防御计划，是根据英、法、荷、比联合抗击德军进攻的协议而制订的。计划规定，荷兰军队在英、法陆军到达前，只在国境线上和纵深内的筑垒地域进行防御，迟滞德军进攻，保障英、法军队展开推进。

荷兰兵力有限，不足以防守由马斯特里赫特到北海的400公里边界。

为防御德军入侵，他们设有3道防线：

在边境地区构筑有一般的筑垒阵地，只部署了少量兵力；

而后是哥雷比-皮尔防线，荷兰的10个步兵师主要依托这一防线组织防御；

最后是"荷兰要塞"，即鹿特丹、阿姆斯特丹、乌德勒支和海牙地区，这一地区有海湾、河流和大面积水域，构成了良好的天然障碍，而且东有北临艾瑟尔运河的格雷伯筑垒地域，南有从瓦尔河到鹿特丹的防御工事作屏障，"荷兰要塞"是荷兰中枢神经所在地。

为了能在哥雷比-皮尔防线与德军尽量拖延时间，必要时可把下莱茵河、马斯河和瓦尔河的防洪坝打开，以大水在这一地区构成障碍，并有利于主要港口城市的防御。

德军对于荷兰可能利用水障防御这一点是清楚的。在当时有一个办法可以打破荷军的计划，让德军的装甲部队避免遭受洪水的威胁，即：在地面部

队突破主要防线的时候，同时攻占上述三条主要河流上的要塞桥梁，以保障德军迅速通过。这就是空降作战的主要任务。

早在1939年10月27日，德军第七伞降师师长斯徒登特将军就被希特勒叫到柏林的帝国办公厅密谈。

希特勒说：

在波兰战役中，我们有意不使用空降部队，为的是避免过早地暴露秘密。但是现在准备立即展开西线的大规模攻势，该是使用空降部队的时候了。

正在进行阻击的士兵

　　于是，斯徒登特奉命开始制订作战计划。他将在荷兰的空降作战行动分为夺占海牙和鹿特丹两个重要地域。

　　在海牙，空降作战的部队为第二十二机降师的两个团和第七伞降师的一个营，由第二十二机降师师长斯庞尼克将军指挥。

　　其任务是首先以伞降的方法夺占海牙周围的瓦尔肯堡、奥肯堡和伊彭堡3个机场，然后机降两个步兵团，以攻入荷兰首都海牙，俘获荷兰皇室、政府机关和高级指挥部成员，瘫痪其中枢神经。

　　同时阻止这一地区的荷兰部队向受威胁的哥雷比-皮尔防线增援，并使荷兰空军不能使用"荷兰要塞"的军用机场。

在鹿特丹，空降作战的部队为第七伞降师的4个营和第二十二机降师的一个团，由第七伞降师师长斯徒登特指挥。

主要任务是夺取瓦尔港机场和鹿特丹的维列姆大桥、多尔德雷赫特大桥、默尔迪吉克大桥，为正面进攻的第十八集团军打开进入"荷兰要塞"的通路。

为了保障夺取和扼守这些桥梁，除使用伞兵直接在大桥附近伞降外，在瓦尔港机场机降一个步兵团，作为预备队，以支援各桥的战斗。参加空降作战的兵力为16000人，由第二航空队约500架JU—52运输机运送。

德国西部的威塞尔、明斯特、利普施塔特、帕德恩博等9个机场为空降出发机场。空降纵深40公里至100公里。

为了达成最初空降的突然性，规定运输机从北海上空绕道飞行，从西北方向进入目标。

斯徒登特的计划在后来的6个月中虽然经过修改，但其设想基本未动。希特勒一方面观察西欧事态的发展，与英、法保持着和平信件的互相往来；一方面又寻找实施突然袭击的良机。

在此期间，斯徒登特曾11次接受准备袭击的命令，每次都是在临起飞之前被撤销。第十二次接到袭击的命令是在1940年5月9日，这一次空降作战计划真正付诸实施。

德国伞兵
在荷兰大显神威

荷兰当局根据他们驻柏林的武官从德国最高统帅部谍报局搞到的情报，预料到德军将要进攻。

荷军总司令温克尔曼中将对德国空降部队突击"荷兰要塞"的威胁了如指掌，他不断提醒部下注意防范。

因此从1940年5月7日起，荷兰采取了一些反空降措施：在各机场的跑道上和公路的重要地段上准备了载重汽车，设置了地雷和其他障碍物；加强了机场、城市的警戒和伪装；加强了值班飞机，增加了高射火器；在沿海组织了猛烈的对空火力。

但荷军大多数军官对此并不重视，他们过于相信哥雷比-皮尔防线、洪水的威力和法国实施支援的诺言。

5月10日凌晨，德军航空兵袭击了荷兰、比利时、法国的40多个机场，夺取了制空权。对荷兰之战来说，最激烈的战斗并不是后来地面军队的突破，而是德军和荷军在"荷兰要塞"内的空降和反空降作战。

凌晨3时30分，德军对荷兰的瓦尔港、海牙、阿姆斯特丹、希尔维萨姆等地实施航空火力准备。在轰炸海牙兵营时，由于荷军未及时发出空袭警报，约800名士兵被炸死在床上。航空火力准备一直持续到运输机进入空降地区。

4时，运载第一批空降突击部队的运输机开始起飞。

5时30分，第十八集团军向哥雷比-皮尔防线发起正面进攻。

第七伞降师第二团第一营乘坐65架JU-52运输机，在战斗机护航下，从夜航机场起飞。他们越过荷兰国境线，掠过平原，在通过哥雷比-皮尔防线以

及在飞向海岸时，一直把飞行高度降到30米作超低空飞行。

当飞到海牙以西的河流交织地区时，才爬升到180米，并分成3个突击分队，分别飞向海牙周围的瓦尔肯堡、奥肯堡、伊彭堡3个机场。

飞临海牙北边瓦尔肯堡机场的伞兵突击分队，看到了德军空军对机场实施航空火力准备时投下的最后一批炸弹。当轰炸机返航时，JU—52运输机开始进入目标。

伞兵降落在跑道上，很快集合完毕，与荷军机场警卫队展开战斗，把荷军驱逐出机场。7时30分左右，德军伞兵完全控制了机场。降落在海牙南边奥肯堡机场和海牙西边伊彭堡机场的两个伞兵突击分队，也同时占领了这两个机场。

但是，当第一批德军的其余100架飞机运载一个步兵营飞抵瓦尔肯堡和另外一个步兵营飞抵伊彭堡，并于7时30分左右着陆的时候，遇到荷兰军队的反击。伊彭堡周围的高射炮火一直很猛烈，运载步兵的飞机有12架被击中。

在瓦尔肯堡，沉重的JU—52运输机有的在松软的跑道上陷了下去，无法再起飞，结果被炮火击中。

在瓦尔肯堡，荷兰步兵第四旅的3个营，也在一个炮兵团的火力支援下，对据守在机场上的德军伞兵和步兵实施了反击，并将德军从西北方向赶出机场，退至瓦尔肯堡村庄里的

防御阵地。荷军炮兵对这些阵地连续轰击了一个下午，但是德军据壕死守，艰难地抵抗荷军的反击。

德空降部队第二批运输机到达机场上空的时候，地面的混乱局面使飞行员不敢冒险着陆。空中指挥官被迫下达了取消在机场着陆的命令，带队长机率领机群飞向附近的海岸，在卡特威吉克附近选了一块海滩当做备降场。

然而，这块场地的土质实际上比他预料的要松软得多，因此在这里先着陆的14架飞机当中，有7架因接地失事，无法再起飞。这7架飞机的机上人

二战时的士兵 ◆

员，遭到荷兰步兵第四旅第二营的攻击，被赶出着陆场。

于是编队向西南转弯，试图在德尔夫特至鹿特丹的公路上着陆。

但荷军在此段公路上事先设置了障碍物，因而在此降落的30架JU—52运输机中，有几架由于在着陆时损坏得过于严重而不能再起飞。

在奥肯堡和伊彭堡，荷军发动的反击也非常积极。荷兰近卫旅派出该旅的第一营，在一个炮兵旅的支援下，对奥肯堡机场实施反击。德军伞兵一个连在那里孤立无援，被驱逐出机场，向西南方向退却。

荷兰近卫旅第二营和第三营，在海牙仓库守卫部队的支援下，攻击了伊彭堡机场，经过激烈的战斗之后，夺回了机场。荷军经过在海牙周围的一系列反击之后，将主动权从德军手里夺了过来。

下午16时，德军第三批运载预备队及补给物资的运输机飞临海牙上空，但是这些飞机只能在海牙几个机场的上空盘旋，因为他们眼看着地面仍在进行激烈的战斗，不可能找到一块安全的地方着陆。

鉴于这种情况，斯徒登特通知第三批所有飞机统统在德军已占领的鹿特丹南面的瓦尔港机场降落。

第二十二机降师师长斯庞尼克是随着第二批机群飞到伊彭堡机场上空的，由于无法着陆，便飞往奥肯堡机场，然而这里的防空炮火也很猛。突然，斯庞尼克乘坐的JU—52运输机被荷军的高炮击中。

受了伤的运输机在空中盘旋着，寻找着陆的地点。最后，斯庞尼克乘坐的飞机费了好大劲，才降落在靠近森林的一块空地上。海牙周围到处是德军被迫降落的运输机和空降人员，大部分人员被分割在数个地方进行独立的战斗。

天黑前，斯庞尼克把各小股部队集中起来，约数百人，在海牙郊外的奥弗赖斯希构筑了"刺猬阵地"。因为兵力太弱，无法向市区进攻，又没有任何控制住的简易机场，斯庞尼克攻占荷军统帅部的任务无法完成。

1940年5月10日傍晚，他通过无线电台和第二航空队取得了联系，接到库赫勒的命令，让他放弃原来的计划，停止对海牙的进攻，向鹿特丹北部挺进。

在海牙落地的德军空降部队在荷军的反攻下大部被歼，有1500人被俘，运输机损失90％，荷军在海牙方面赢得了初战的胜利。

在鹿特丹方面，5月10日凌晨3时，刺耳的汽笛声开始响彻鹿特丹的街头和港口，这是空袭警报。瓦尔港机场附近的荷军步兵都躲进了机场的战壕和地道里，他们疲惫不堪地守在机枪和迫击炮旁。

而这时却有两个预备连的士兵仍在机库的临时宿舍里蒙头大睡。正在他们做着美梦时，死神从天而降。

无数枚炸弹落到机场边缘的战壕里和高炮阵地上，有一枚重磅炸弹正好命中了那座预备队员酣睡的大机库。

机库中弹后，马上燃烧起来，顷刻便倒塌了，不少士兵被压在里边，瓦尔港机场的防卫骨干力量就这样被消灭了。这次极为准确的轰炸是德军向鹿特丹方面实施空降突击的序幕。

就在瓦尔港的爆炸声停止、对空炮火寂静下来的同时，天空中又传来了飞机发动机的轰鸣声。德军第一特殊任务轰炸航空兵团第三大队的运输机，运载着伞兵第一团第三营和第二营的一个连，于5时准时进入了鹿特丹的南部。

炸弹坑遍布瓦尔港机场，燃烧着的机库冒出的浓烟使他们在空中很快认出目标。伞兵们跳出机舱，只见机场上空白点一个接一个地从飞机里飞出来，越来越多。

他们在空中飘荡了20多秒钟，慢慢地接近地面。这时，荷军才发现是德军空降伞兵。接着，地面响起了机枪的射击声。不知他们是在打伞兵呢，还是在打飞机？

到处都是目标，简直不知该打哪个好，荷军的防空炮火开始也一度打得很猛，可后来逐渐减弱，并且火力也不集中了。

德国伞兵遭受的损失主要是由于自己的过错造成的：一架载着伞兵的JU—52运输机竟然在大火熊熊的机库正上方实施空降，结果，布质的降落伞见火就着，许多伞兵就这样被活活地摔死了。但大部分伞兵还是在瓦尔港机场两侧着陆，并立即投入了战斗。

这样一来，荷军就不得不分散火力对付机场外围的伞兵。经过约一小时的激战，伞兵控制了瓦尔港机场。

德军在做好迎接机降部队的准备后，第十六机降步兵团开始机降。一个运输机中队首先试图在机场着陆，但他们遭到小口径高炮的射击。

有一架JU—52运输机的油箱被打漏，两台发动机起火。这架飞机着陆后，还没等飞机停下来，舱门便打开了，士兵们从里面跳了出来。他们是施维贝克中尉指挥的第十六机降步兵团第九连的两个排，是机降部队的先遣分队。

紧接着，其他JU—52运输机陆续着陆。该团第三营营长霍尔蒂兹中校事后曾这样写道：

> 不出所料，这里是一片惊人的轰响。发动机的轰鸣声、机库里弹药的爆炸声和重迫击炮弹的爆炸声交织在一起。敌人的机枪在阻击飞机降落，但我们的士兵早已敏捷地跳出机舱，开始了攻击。

在德军机降过程中，荷军以密集炮火猛烈抗击搭载步兵的运输机，有几架运输机被地面炮火击中，其中一架坠地着火。

荷兰海军的几艘小型舰艇也企图轰击着陆的机降部队，但被德国"斯图卡式"俯冲轰炸机所驱逐。

此时，荷步兵第三营在重迫击炮火力和鹿特丹北部炮兵火力支援下，正在进行反击。突然德军发出了绿色信号弹，这本是荷军停止重火器射击的信号，荷军炮兵误认为这是本军发出的信号，因此停止了射击。

机场守军失去了炮火支援，经不住德军伞兵和机降步兵的攻击，最后的抵抗陷于瘫痪，瓦尔港机场彻底落到德军手中。

英国皇家空军在1940年5月10日至11日夜间，曾用轰炸瓦尔港机场、破坏主跑道的办法支援过荷军，但是收效不大，德国JU—52运输机仍然继续在机场上不停地起落。

　　然而，占领机场只不过是战役的开端。德国这次对鹿特丹进行空降作战的主要目的，是夺取市中心马斯河上的几座重要桥梁。他们必须尽快占领并扼守住这几座桥梁。

　　在瓦尔港机场着陆的第十六机降步兵团第三营，要通过鹿特丹南部市区，走几公里才能到达马斯河。为了防止在他们到达之前那几座桥梁被炸掉，德军采取了必要的措施，这就是另两支空降分队的任务。

　　一支是施勒特中尉指挥的第十六机降步兵团第十一连和部分工兵，约120人。他们在进攻发起的前一天夜里，潜入到奥尔登堡附近的次维舍南浴场。

　　午夜，他们登上了在那里待命的12架He—59双翼水上飞机。这是一种老式飞机，在它那箱形的机身下，挂着很大的浮筒。这种飞机被海军用来警戒海面和救护，把它用于作战，实在是太笨拙了。

　　可是，就是这样笨拙的12架水上飞机，现在却从次维舍南海起飞了，飞机的载重量达到了最大限度。

　　5月10日7时，这些飞机沿着新马斯河，6架由东、6架由西进入了鹿特丹市中心。飞机以离水面几米的超低空进入目标。在维列姆大桥附近，成两列着水，随后驶向大桥。

　　这时，机降兵打开舱门，投下橡皮筏，然后坐上橡皮筏划向岸边。他们从防护堤登岸后，立即向东栈桥突击，迅速占领了旧港附近的莱乌和科依特两座桥梁。

　　紧接着，又夺取了南面最长的维列姆大桥，拆除了荷军设置在桥上的炸药。邻近的铁桥也被相继占领。

　　几分钟内，12架He—59飞机运来的步兵和工兵，就在马斯河两岸构筑起了桥头堡。荷兰守备部队立即反扑。德军士兵躲在桥下、墙后和建筑物的角落里抗击，死守着他们的桥头阵地，荷军第一次反扑被击退了。

　　另一支空降分队是第一伞兵团的第十一连，约60人。他们在维列姆大桥以北不远的一个运动场上伞降着陆，而后截住几辆市内公共电车，横穿费耶努尔特区，急忙赶到河边。当时，第十六机降步兵团第十一连正被困在桥

头，情况危急，他们的到来，使形势有了好转。伞兵们越过马斯河，来到北面的桥头堡。

不久，在瓦尔港机降的第十六机降步兵团第三营，经过激烈的巷战后，也突到马斯河畔，他们占领了河上的几座小型桥梁和马斯河中的诺德岛，并进一步增强了扼守维列姆大桥的力量。

荷军被赶出大桥后，从岸边阵地和附近高建筑物上，向维列姆大桥猛烈射击，并出动炮艇对桥头进行炮击，对大桥进行火力封锁。

此时再想从桥上通过是非常困难的，留在北岸的60名德国伞兵凭借桥头堡，顶住了荷军的猛烈反击，使荷军始终无法利用这座大桥。

从南面通往"荷兰要塞"的唯一道路上，除了鹿特丹市的维列姆大桥外，还有多尔德雷赫特大桥和默尔迪吉克大桥。只有在这些桥梁均未被炸毁时将它们夺到手并能坚守住，等到第十八集团军的先头部队第九装甲师开到，荷兰之战才能稳操胜券。所以斯徒登特在鹿特丹方面作战的空降部队，还必须夺取多尔德雷赫特大桥和默尔迪吉克大桥。

夺取多尔德雷赫特大桥的是第一伞兵团第三连的两个排。他们着陆后几分钟就占领了大桥，并拆除了桥墩上安放的炸药。由于大桥周围建筑物布局复杂，荷军利用有利地形，趁德军立足未稳进行反扑。

于是德军将布劳尔上校率领的第一伞兵团主力和在瓦尔港机场机降的第十六步兵团第一营投入该桥作战。双方进行了持续3天的反复争夺，直至德军第九装甲师开到，在装甲部队的冲击下，荷军仓皇退却，德军才完全占领了多尔德雷赫特大桥。

夺取默尔迪吉克大桥的是第一伞兵团第二营。该营没有保持完整建制作战，有一个连去支援攻占瓦尔港机场，剩下的兵力在德轰炸机对桥旁的碉堡和高炮阵地进行了准确的俯冲轰炸之后，由布罗盖上尉指挥，在桥的南北两个桥头堡附近伞降，对大桥守卫队进行两面夹击。

经过短促激战，他们顺利夺取了这座横跨迪普河的长1.2公里的公路桥和长1.4公里的铁路桥，并扼守到正面进攻军队到达。

在鹿特丹和多尔德雷赫特地域空降的德军，不仅击退了荷军的反复冲击，而且还向多尔德雷赫特以南推进，并与在默尔迪吉克大桥附近作战的德军空降部队建立了联系，使荷军未能炸毁任何一座大桥。

10日中午，斯徒登特飞抵瓦尔港，接管鹿特丹、多尔德雷赫特、默尔迪吉克三角地区的防务。

德军正面进攻的第十八集团军于5月11日突破了整个哥雷比-皮尔防线。当荷军企图往鹿特丹撤退时，发现德军已占领了构成主要水上障碍的那些桥梁，于是荷军的退却部队更是溃不成军。

1940年5月12日晚，德军胡比克少将率第九装甲师先遣营到达默尔迪吉克。

13日清晨，装甲车队在空降兵的欢呼声中，通过了默尔迪吉克大桥向北推进。接着占领了多尔德雷赫特。当天傍晚，第一辆坦克开进了鹿特丹。

在维列姆大桥，荷兰的重炮和炮艇仍在猛轰维列姆大桥，德军第十六机降步兵团第三营仍在拼命固守着。德方的损失很大。

营长霍尔蒂兹中校奉命撤回坚守在北桥头堡的60名伞兵，但是他们无法撤回来，因为荷军封锁得太严，不管白天还是黑夜，就是一只老鼠也休想活着过去。由于维列姆大桥为荷军封锁，地面进攻军队被阻于桥的南端。

德国军队夺取
"荷兰要塞"

1940年5月13日16时，德军开始敦促防守鹿特丹的荷军投降，经过谈判，没有结果。

5月14日15时，德军航空兵对鹿特丹市进行了狂轰滥炸，近60架轰炸机一次投弹1300余枚，共重97吨，市中心受到很大破坏，建筑物绝大部分被焚毁，居民死亡900余人。

17时整，荷军城防司令斯哈罗上校亲自走过维列姆大桥向德军求降，并于一小时后签署了投降书。

在马斯河岸边阵地上坚守了5天4夜的德国空降部队的幸存者，从建筑物中、地下室和战壕里爬出来。桥头堡里死亡的伞兵很多，活着的都是满身泥土，衣服破烂不堪。

紧接着，装甲部队通过公路桥，向北驶去，他们是去接应海牙郊外的第二十二机降师残余部队的。德军命令荷兰士兵带着武器到集合地点集中。此时，碰巧一支德国党卫军部队通过市区，他们以为突然与"武装"的荷军遭遇，顿时枪声大作。

斯徒登特听到枪声，马上跑到司令部的窗口，想加以制止。就在这时，一颗流弹打中了他的头部。幸亏一名荷兰的外科医生及时治疗，他才得以活命。

1940年5月14日20时30分，荷军总司令温克尔曼将军通过广播命令全军投降，荷兰皇室及政府逃往伦敦。

德军空降部队在荷兰的空降作战并非全部成功。由于荷军战前已有反空

降准备，德军空降兵受到重大损失。德军在荷兰共空降16000人，伤亡4000余人，1600名伞兵被荷军俘获并运送到英国。

在海牙德军的空降完全失利，其第二十二机降师失去了几乎一半的军官和1/4的士兵。在鹿特丹的空降虽然取得成功，但也伤亡很大。德国空军投入的500架运输机损失了117架，使德空军的后备力量受到削弱。

德空降兵在海牙、鹿特丹地区突然空降，对荷兰政府构成直接威胁，在关键时刻牵制了荷军统帅部及其预备队，保障了德军正面部队的进攻。

"荷兰要塞"的迅速被夺取，不仅对英法军队产生了很大的影响，而且当训练有素的荷军彻底崩溃的消息传出后，在世界上也产生了很大的震动。

德机轰炸后损坏的房屋

雷霆万钧

第 二 次 世 界 大 战 著 名 空 战

突击空降比利时

　　1940年5月10日至11日，德军空降突击队意欲通过攻击和占领埃本·埃马尔要塞，侵入比利时。5月10日，空降部队通过使用滑翔机降落在要塞顶部，然后使用炸药和火焰喷射器打击在要塞外的守军。同时，其余的德军突击队降落在运河附近的3座桥梁边，摧毁了数座碉堡和防御阵地，并击败了守卫桥梁的比利时部队。

希特勒实施
声东击西战略

1940年5月10日，在德军"B"集团军群第十八集团军投入荷兰之战时，该集团军群的第六集团军同时开始了向比利时的挺进。

希特勒企图以对比利时的进攻来转移盟军对他把阿登地区作为主攻方向的注意。盟军此时确实认为，德军的主攻方向是通过列日攻打布鲁塞尔。德军第六集团军的行动就是要使盟军感到他们的预料是正确的。

如果希特勒的企图能够实现的话，英国和法国的军队就会向北进入比利时去阻击第六集团军。这样，担任西线主攻的"A"集团军群就可以集中兵力，迅速突破阿登地区，突入盟军主力的侧翼和后方。

正如希特勒事后所说的：

> 我把攻击的重点放在想要突破的战线左翼，同时在另一翼采取了佯攻。

第一次世界大战后，西欧各国为防御德国侵略，在与德国相邻的边境上都构筑了坚固的筑垒防线。在荷兰为哥雷比-皮尔防线，在比利时为艾伯特运河防线，在法国为马其诺防线。

这3条防线自北而南，互相衔接，连绵数百公里。

至5月10日，比利时共有22个师，包括18个步兵师、两个摩托化师、一个骑兵师、一个重炮兵师。比军没有坦克，防空设备也几乎等于零，只有一个战斗机团。

其战前的部署如下：

4个师配置在荷比边境一线，6个师用来保卫安特卫普至那慕尔的"KW线"，12个师扼守艾伯特运河。

比利时在战争爆发前还未最后确定战争的打法，对于固守哪块阵地也还未做出抉择，要根据德军进攻时的兵力再作调整。因为艾伯特运河防线掩护了整个比利时国土，所以军队重点配置在这一线。

当德军"A"集团军群44个师的庞大突击部队在阿登地区对面的德国边界上停下来，准备进攻的时候，"B"集团军群的博克上将却命令第六集团军尽量进入靠近艾伯特运河的出击位置。

博克虽然知道自己的任务是助攻，但他仍希望能以令人吃惊的速度向西推进，以使盟军确信德军的主要进攻力量是从比利时向前推进。而德军进攻比利时的最大障碍，就是艾伯特运河。

二战时的作战坦克 ▼

由于艾伯特运河两岸陡峭，遍布防御工事，尤其还有运河边的埃本·埃马尔要塞扼守着运河，因而构成了被认为可与马其诺防线相媲美的最可靠的反坦克防线。

德军要进攻亚琛–马斯特里赫特–布鲁塞尔一线，就必须渡过这条运河。如果德军第六集团军在艾伯特运河受阻，那德军的进攻就会在还没有发挥其锐气之前停滞下来。

为此，德军决定首先于1940年5月10日空降突击埃本·埃马尔要塞，并夺取埃本·埃马尔要塞西北部的艾伯特运河上的3座桥梁——坎尼桥、弗罗恩哈芬桥、费尔德韦兹尔特桥。如不能全部攻下，至少也要保证拿下一座。

德军训练
滑翔机降突击队

　　埃本·埃马尔要塞地处荷兰与比利时国境的比利时一侧，位于马斯特里赫特城和维斯城中间。

　　该要塞是艾伯特运河防线的一个重要组成部分，是马其诺防线北面延伸部的强大筑垒和重要支撑点，是比利时东部防御体系的核心。其炮兵火力可控制艾伯特运河和马斯河16公里之内的所有渡口。

　　要塞建筑在一个花岗岩的小高地上，高地南北长900米，东西宽700米。它的东北和西北面是几乎垂直的断崖峭壁，高约40米，水势滔滔的艾伯特运河流经崖下；南面横亘着宽大的反坦克壕和7米高的防护墙。

　　要塞的各个侧面都被所谓的"运河带"和"堑壕带"包围着，并筑有钢筋水泥碉堡，里面配有探照灯、60毫米反坦克炮和重机枪。要塞东面的马斯河与艾伯特运河平行，形成外围障碍。

　　埃本·埃马尔要塞实际上是一个精心设计建造的堡垒群，是仿照马其诺防线错综复杂的防御工事构筑的。

　　乍一看，每座堡垒都是零散分布在一块五角形的区域内，但实际上，它是一个把炮台、转动式装甲炮塔、高射炮阵地、反坦克炮阵地、重机枪阵地等巧妙地结合起来的防御体系。各部分之间由长达4.5公里的地下加固坑道和交通壕连接在一起。

　　每件武器都经过精心布设，使之发挥最大效力。要塞对任何方向都便于观察，通入要塞的每条坑道都可以阻止敌人的进攻。在要塞的外面没有暴露的人工痕迹，也没有暴露阵地的建筑物，到处布满了杂草。

在顶部有4座暗炮塔，用液压升降机供给弹药，并可随时缩入地下。为了迷惑敌人，比军还在要塞各处设置了假炮塔。

要塞是在和平时期由一批专家设计、经过3年精心施工、于1935年竣工的。当时被列为欧洲最重要的防御阵地之一和世界上最坚固的要塞，并被形象地比喻为比利时东边的"大门"、艾伯特运河防线上的一把"锁"。

人们普遍认为该要塞固若金汤，坚不可摧。在这座近代化要塞的建造上，尽管比利时军队绞尽了脑汁，但因要塞主要是为了防御地面进攻，所以有一点他们没有考虑到，那就是敌人有可能从空中降落在炮台和装甲炮塔之间的空地上。

埃本·埃马尔要塞的防守部队共1200人，由乔特兰德少校指挥，属第七步兵师。全部人员均可处于距地面25米以下的掩体内，并备有可供长期使用的饮水、食品以及大量弹药。

要塞的武器配备齐全，有安装在转动武装甲炮塔上的火炮两门，其射程对任何方向都是16公里；在要塞顶上的阵地内还有同样射程的75毫米火炮16

德军DFS-230滑翔机

门，60毫米反坦克炮12门，高射炮6门，轻、重机枪37挺。

这些火炮和机枪只是要塞火力的一部分，因为它的火力是同野战工事有机地联系在一起的；沿着要塞的外缘，在壕沟和河旁，还有很多掩体和掩蔽壕，以及互相支援的火力发射阵地。

对于一般的炮击，埃本·埃马尔要塞无疑是可以经得住的。实际上，防御计划已将敌人一旦突破山脚下的外围防线时，向要塞顶部实施猛烈炮击的可能性考虑在内了。

由于要塞如此坚固、威力如此强大，守卫要塞的比利时第七步兵师接受了19公里宽的正面防御，这要比在其他情况下宽得多。

埃本·埃马尔要塞西北侧艾伯特运河上的坎尼桥、弗罗恩哈芬桥和费尔德韦兹尔特桥，是由东向西越过运河的必经之途。每座桥梁由一个班防守，包括一名军官和12名士兵。桥梁附近戒备森严，均筑有桥头阵地，在两岸桥头两侧600米范围内还筑有水泥地堡。

各桥配备有反坦克炮一门和机枪等其他轻武器，为防备万一，桥墩上安放了炸药，设置有电子爆破和常用的引信爆破两种爆破系统，后者的延迟时间也只有两分钟，这样随时都可以对桥梁实施破坏。

平时这3座桥的守备分队属埃本·埃马尔要塞指挥，在要塞炮兵火力的控制之内。在要塞炮火的支援下，守桥分队可以经得起激烈的战斗。而且增援部队相距不远，一旦桥头吃紧，可及时到达。

即使桥梁失陷，埃本·埃马尔要塞的大炮也能制止对方的前进，使对方不管夺取哪座桥，都要付出巨大的代价。

德军一直对埃本·埃马尔要塞十分感兴趣。自1938年起，就开始搜集有关要塞的资料，1939年已获得了要塞内部的详细设计图，并悄悄地对这个坚固防御体系进行认真的研究。

为了找到摧毁它的特殊方法，为进行袭击作准备，根据情报人员的了解和要塞的设计图纸，德军于1939年秋天开始仿造了两个埃本·埃马尔要塞：在格拉芬弗尔军事训练中心造了一个规模完全一样的"复制品"，在希尔德

斯海姆空军基地又造了一个小一点的模型。

希特勒本人对解决如何突袭埃本·埃马尔要塞这个难题也相当关心。

出人意料的是，他征求了一个女人的意见，尔后便形成了取胜的方法。被征求意见的是一位富有朝气的著名女飞行员汉娜·莱契，她是极少数与希特勒保持长久关系的女人中的一个。

莱契小姐是一名熟练的滑翔机飞行员，当她听到希特勒说起攻击埃本·埃马尔要塞的困难后，立即建议使用部队乘滑翔机进行无声的突击。

希特勒对她的建议发生了兴趣，马上召见了戈林、斯徒登特和航空工程师格哈特·康拉德。希特勒说他已决定把夺取埃本·埃马尔要塞作为一项特殊任务交给空军来完成，并告诉斯徒登特，他想用空降突击攻打埃本·埃马尔要塞，但又不愿削弱在荷兰进攻的伞兵突击力量，因为那里的伞兵突击力量不足。

经过讨论，斯徒登特估计，所需人数最少也得500人，而且这些人可以由伞兵和滑翔机配合发动攻击，这就证实了莱契建议的可行性。

斯徒登特指定了一名他了解并且深信会完成这项任务的年轻军官担任突击埃本·埃马尔要塞的指挥官。这位年轻军官就是他的参谋，上尉沃尔特·科赫。

1939年10月下旬，希特勒亲自召见了科赫。他走到墙下，拉开一张比利时大地图的幕布，指着埃本·埃马尔要塞对科赫说，一定要把这个要塞拿下来，还要夺取坎尼、弗罗恩哈芬和费尔德韦兹尔特等地的艾伯特运河上桥梁。他给予科赫的部队只有伞兵第一团的一个加强连，一些工兵和这次进攻所需要的JU—52飞机和滑翔机。

希特勒命令他马上就开始准备。于是，由科赫上尉担任队长的专门执行袭击埃本·埃马尔要塞任务的空降突击队就成立了。

针对要塞的地形特点，计划使用滑翔机将突击队直接降落在要塞上面。将要使用的滑翔机是德国空军优良的DFS—230式滑翔机，这是德军为执行空降突击任务于几年之前研制出来的。

　　早在1932年，当时设在瓦萨尔库帕的罗恩·罗斯济登公司制造了一架长翼滑翔机，用飞机拖曳，能利用强烈的上升气流升空，进行气象观测。

　　1933年，这架能在空中飞翔的气象观测滑翔机随同新组建的德国滑翔飞行研究所迁到达姆施塔特的格里斯海姆。在这里，它首先用作被拖曳飞行的教练机。

　　当时还是德国滑翔飞行研究所飞行员的莱契小姐，就是最早试用JU—52飞机拖曳滑翔机的人。后来任德国空军技术总监的乌德特听到这个消息后，前来达姆施塔特参观了这架滑翔机。

　　他认为这种大型滑翔机完全能用于军事目的，可以用它把笨重的物资送到前线，也可以用它给被包围的部队运送弹药和粮食，说不定还能把相当数量的兵力悄悄地运到敌后。

　　乌德特曾和一家研究所谈了这些想法。不久，这家研究所接受了制造军用滑翔机的订货，由汉斯·雅克普斯设计制造，并命名为DFS—230型。这种举世闻名的滑翔机就这样诞生了。

　　1937年，DFS—230式滑翔机开始投入生产。这是一种带支架的上单翼机，长方形的机身，机长11.3米，翼展22米，都是用亚麻布蒙着的钢管结构。起飞后扔掉其特大的机轮，着陆时使用一个坚固的金属滑橇。这是采用了乌德特的意见，因为他在20年代就曾冒险用滑橇在阿尔卑斯山的冰川上降落过。这种滑翔机自重900公斤，载重一吨，可以乘载10名全副武装的士兵。由于它的着陆速度低，很受空降部队的欢迎。

　　从1938年秋开始，在当时还处于绝密之中的斯徒登特的空降部队里，就成立了以基斯少尉为首的小规模运输滑翔机指挥部。从演练的结果来看，当突击一个守备力量较强的狭窄地段时，滑翔机部队要比伞兵更有把握取胜。

　　因为当运载伞兵的运输机飞抵时，总容易先被敌人发现，然后才空降。即使从90米的最低跳伞高度跳伞，伞兵也还要有15秒钟的时间在空中飘荡，处于被动挨打的境地。而且，即使伞兵以最快的出舱速度在7秒钟内全部跳出机舱，一个班也要散落在300米长的地带上。着陆后，伞兵们还必须抛掉伞

具，集合、寻找投下来的武器箱，这样就要拖延很多的时间，使敌人有可能对最初的冲击作出及时反应，赢得战斗主动权。

而运输滑翔机就全然不同了。它可以在黑暗的夜色掩护下，悄悄地进入目标区域，这就使奇袭的效果更为理想。滑翔机驾驶员可以使这些"鸟"降落在目标附近20米之内。士兵们从机身的宽大舱门跳下后，就能够立即投入战斗。现在，这些滑翔机交给了富有雄心的科赫上尉使用。

科赫接受任务后，利用各种有效手段对埃本·埃马尔要塞做了研究。他在格拉芬弗尔对要塞模型进行了详细观察，熟记了各种照片和地图，并利用侦察飞行从空中对要塞进行了实地观察。

他深信，在白天进攻要塞，其代价必然很大，用那么一点兵力去攻击，几乎等于自杀。只有在夜间让滑翔机直接降落在要塞顶部，才能成功地夺取要塞，因为不可预料的进攻时间和独特的进攻方式，能使他的行动出敌不意。为了提高攻击初期的突袭效果，他计划在攻击之前不实施炮火打击和航空火力打击。

科赫把他的计划呈送给希特勒，得到元首的完全赞同。在斯徒登特正式批准了整个作战方案后，科赫便开始制订具体作战计划。

他把部队分成4个分队，每个分队约100人。各分队的任务十分明确，一个分队负责突击要塞，3个分队负责夺占艾伯特运河上的3座桥梁。

各分队又进一步区分了任务，有喷火器组、机枪组、反坦克组、迫击炮组及爆破组。各组都配备了适合于完成任务的兵器，要求通过训练，每个士兵至少能够掌握两种军事技术，以便在战斗中能够代替他人完成任务。如果这些组和他们的分队隔开，他们也可以组成独立的单位，继续战斗。

根据这些设想，科赫率领他的部队从1939年11月至1940年4月，用半年时间，在靠近捷克边界的格拉芬弗尔训练基地，进行了为适应这次作战的极其艰苦和严格的训练。

训练先从理论课开始，并利用沙盘和立体模型等形象教具施教。由于希特勒要求预行演习和训练要绝对保密，泄密者一律处死，因此，突击部队在

希尔德斯海姆空军基地刚组建起来时，就与外界隔绝了。这里没有休假，不准外出，信件要经过严格检查，禁止和其他部队的人员交谈。此外，每人还必须在一项规定上签名。

规定上写的是：凡用书信、绘画或其他方式将本部队的性质及其任务泄露给他人者，不管有意或无意，格杀勿论。为了绝对保密，尽管士兵们都对要塞的内部工事设施了如指掌，但要塞的名字却直至所有训练结束后才告诉他们。继理论训练之后，他们又开始了不分昼夜、不论好坏天气的外场训练。

至1939年圣诞节后，他们以苏台德地区阿尔特法塔的捷克要塞作为假想目标进行了实兵演习。计划最后明确后，科赫又利用模型反复演练达12次之多。所有的战斗组都乘滑翔机在狭窄场地上几次练习了夜间着陆。

为减少滑翔机的滑跑距离，在滑翔机的滑橇上缠上了带刺铁丝，着陆时后面还可放出小型减速伞。起初，伞兵全都分配在突击埃本·埃马尔要塞的分队里，后来科赫又给每个攻桥分队分配了一个由13人组成的伞兵机枪班。

训练卓有成效，各突击分队的战斗能力有了明显提高，而且取得了良好的心理效果。曾经空降到埃本·埃马尔要塞，执行任务的工兵排长维茨希回忆说：

开始，我们对即将发起的进攻有些胆怯。但是，我们逐渐对自己的力量有了信心。不久，我们就确信：从要塞上部发起进攻的一方要比在内部防御的一方安全得多。

德军夺取
埃本·埃马尔要塞

科赫的突击部队于1940年4月底结束训练，开到科隆的厄斯特哈姆和布兹韦勒哈尔机场待命。为了保密，就连机场部队的指挥官也不知道为什么有这么多滑翔机要在这两个机场的机库里装配。

斯徒登特最后确定，突击队共700人，编成两个梯队。第一梯队400人，分成4个突击分队，使用滑翔机机降。

第一分队代号"花岗岩"，队长威齐格中尉，兵力85人，配备轻武器和2.5吨炸药，使用11架滑翔机，任务是夺取和破坏要塞表面阵地。第二分队代号"水泥"，队长沙赫特少尉，兵力96人，与科赫突击部队指挥部一起，使用11架滑翔机，任务是夺取弗罗恩哈芬桥。第三分队代号"钢"，队长阿尔特曼中尉，兵力92人，使用9架滑翔机，任务是夺取费尔德韦兹尔特桥。第四分队代号"铁"，队长施勒希特少尉，兵力90人，使用10架滑翔机，任务是夺取坎尼桥。各突击分队夺取目标后，扼守到正面进攻部队到达。

第二梯队300人,在第一梯队后乘JU—52飞机伞降，任务是增援第一梯队袭击要塞的分队。

第一梯队的滑翔机将从荷兰方向进入目标，并在进入荷兰领空前就脱离拖曳机，悄悄地越过荷兰狭窄的领土上空进入比利时，空降距离100公里。

由于德国陆军总司令部将西线战役的开战时间定在凌晨3时，而滑翔机要准确地降落在指定地点，驾驶员必须能看清地形才行。这就是说，滑翔机进入目标的决定性时刻，需要天色微明，所以科赫对此提出了要求：

机降突击时间最晚也要和陆军相同，如果可能的话，最好在全面进攻开始前几分钟。但是，必须等到曙光初升的时刻，而凌晨3时天色太暗。

为此，希特勒亲自出面干预，把进攻时间定为"日出前30分钟"。

这个时间是从无数次训练中总结出来的，这是滑翔机驾驶员能够勉强看清地形的时刻。德国西线部队的这伙"冒险家"，试图以空降突击来夺取这座世界上著名要塞的准备工作就这样一切就绪了。

1940年5月10日4时30分，41架JU—52飞机拖着DFS—230型滑翔机，从科隆的厄斯特哈姆和布兹韦勒哈尔机场起飞。一次极其大胆的作战行动开始了。跑道上，滑翔机被拖曳着向前滑行，很快，起落架的震动声消失了，眨眼之间滑翔机便一架一架地飞越机场围墙，跟着JU—52飞机不断爬升。

大约每隔30秒钟，便有一个三机组拖着滑翔机腾空而起。几分钟后，41架JU—52飞机全部安全升空。尽管天色漆黑，并且拖曳着沉重的滑翔机，但它们都没出什么问题。这些飞机在科隆南部的绿色地带上空的集合点会齐后，开始向西，沿着一直延伸到国境线的"灯火走廊"飞行。他们下面是埃佛伦附近的十字路口，在那里可以清楚地看到第一个灯标。接着，在5公里远的费雷亨旁边，又看到了第二个灯标。

就这样，当飞机飞过一个灯标时，就可以看到下一个灯标，有时甚至能看到第三个灯标。所以，尽管是在漆黑的夜色中飞行，仍能保持正确的航向。这些灯标一直引导飞机飞到亚琛附近的预定"分手点"。

41架滑翔机上的突击队员们都倚在横贯机身中央的大梁上，时而热得出汗，时而冷得发抖。突然，"花岗岩"突击分队的一架飞机的机长发现，在他的右前方有一缕青烟，这说明在同一高度还有一架飞机，而且眼看两机就要相撞。面对这突如其来的情况，他不顾后面还拖着一架滑翔机，猛推机头向下俯冲。这时，滑翔机驾驶员感到升降舵变得沉重起来，他拼命想把升降

舱保持在原来的位置上，只听"叭"的一声，座舱的挡风玻璃好像被鞭子狠狠地抽了一下。原来，由于刹那间的压力增加，牵引绳断了。

滑翔机在空中又恢复了平衡，但拖曳机发动机的轰鸣声渐渐远去，四周显得格外宁静。这架滑翔机只好载着突击队员又飞回科隆，勉强越过莱茵河，在一块草地上降落下来。糟糕的是，突击埃本·埃马尔要塞的第一分队队长威齐格中尉就在其中。飞机编队仍在按计划向西飞行。

"花岗岩"突击队其他滑翔机上的队员们当然无法知道自己的指挥官已经被甩掉。不过，这关系不大，因为各组都有自己早已确定的任务。

滑翔机的每一位驾驶员对于在这宽阔的要塞高地上，在哪座碉堡的后面，或在哪座转动炮塔的侧面着陆最合适都已一清二楚。在周密的作战计划中，已考虑到了滑翔机意外掉队的可能。并且在出击命令中明确规定，任何指挥官，在兄弟部队失败或无法着陆的情况下，都有责任带领部下去完成该部未完成的任务。

不幸的是，20分钟后，"花岗岩"突击队又有一架滑翔机掉队了。这是在卢汉贝格的灯标上空。这架滑翔机的驾驶员看到拖曳他的那架JU—52飞机的机翼开始晃动，而且它的标志灯不停地闪烁。

是不是脱离信号？滑翔机驾驶员有点不相信自己的眼睛了。几秒钟后，他脱掉了牵引绳，开始滑翔。其实这完全是个误解。

刚刚飞了一半路程，高度还不到1500米，从这里滑翔连国境都到不了。最后滑翔机降落在迪伦附近的草地上，队员们跳出滑翔机，找

到一辆汽车，急速驶往国境。在那里，陆军部队正趁着黎明前的黑暗集结待命，准备发起进攻。这样，"花岗岩"突击队就只剩9架飞机了。他们终于在亚琛和劳联斯贝格连接线西北的费乔乌山上看见了最后一座灯标，这标志着已经到达"分手点"。

为了不让比利时军队发觉飞机发动机的声音，滑翔机将从这里开始单独滑翔，隐蔽地飞越荷兰的马斯特里赫特角。科赫上尉原先预计，为了克服逆风的影响，总得准备多飞10分钟。但没想到恰好这天是顺风，而且风力比气象站预报的要强得多，结果飞到这个地方的时间比预想的要早了10分钟。

为使这次奇袭圆满成功，原计划是在发起总攻前5分钟，突击队在埃本·埃马尔要塞开火，可是现在，这种设想已无法实现。

也正是由于风向的原因，飞机的高度过低，只有2000至2200米。原计算，到"灯火走廊"尽头，飞机的高度必须达到2600米，因为只有在这个高

战场上冲锋的士兵 ◈

度上，滑翔机才能以适当的滑行角度飞抵目标。

由于没有达到规定的高度，JU—52飞机把滑翔机向前多拖了一段，跑到了荷兰上空，他们是想帮助滑翔机弥补高度不够带来的问题，没想到却帮了倒忙，因为JU—52飞机发动机的声音给荷兰和比利时军队发了警报。

当滑翔机刚刚脱离JU—52飞机时，就遭到荷兰军队的炮击。轻型高炮吐出的红色火焰从四面八方射来。滑翔机驾驶员不时地转弯或作蛇行机动，灵活地躲开了炮火，没有一架飞机中弹。由于这些滑翔机驾驶员全是精选的老手，所以他们仍然按照计划保持着队形，飞到各自目标上空，开始无声地大角度俯冲。

5月10日凌晨3时10分，埃本·埃马尔要塞指挥官乔特兰德少校接到第七步兵师司令部"要严加戒备"的电话，立即命令部队进入临战状态。

监视哨不时地从装甲碉堡中向外观察，严密地监视着漆黑的四周。两个小时平安地过去了，天色开始微微发亮。突然，从荷兰国境的马斯特里赫特方向传来了激烈的高炮声。在埃本·埃马尔要塞的碉堡中，比利时炮手已做好高炮的战斗准备。他们以为是德国轰炸机要来袭击这里，可是侧耳细听了老半天，也没有听见飞机发动机的声音。

就在这时，滑翔机利用微明的天色，悄悄地从侧后进入，降落了下来。夺取要塞表面阵地的突击分队的9架滑翔机，一架接一架地在长满杂草的要塞顶部的预定地点滑行着陆。由于带有减速装置，飞机着陆后只滑行了20米。

比利时哨兵看着这群幽灵似的"巨鸟"突然降落在他们跟前，个个被惊得目瞪口呆，甚至没有发出警报。

德军突击队员和驾驶员从滑翔机上冲下来，尽管没有指挥员，训练有素的各组仍按预定计划立即开始突击。

在带着大量炸药的工兵带领下，他们直向爆破目标冲去。为了掩护进攻，有几个人投了发烟手榴弹。顷刻间，爆炸响彻了整个要塞——这是绝大部分守卫部队所听到的唯一警报。紧接着，突击队员们使用手榴弹和炸药包，连续快速地逐个对炮塔、碉堡、坑道口进行破坏，用冲锋枪进行扫射。

一门门要塞火炮被摧毁，一些比利时士兵战战兢兢地举起了双手。但有两个突击组此时被迷惑了，他们发现通过空中照相拍摄下来的结构坚固的两座碉堡根本就不存在。这是比利时在要塞建造的假炮塔。

德军原先认出了一些假炮塔，并且把这些假炮塔加在训练用的要塞模型上；而另一些假炮塔则愚弄了他们。现在他们才发现"直径5米的装甲碉堡"原来是用薄铁皮伪装的。

突击队经短促战斗，不到10分钟就炸毁和破坏了要塞顶上的所有火炮和军事设施，控制了要塞的表面阵地。看不见外面情况而又被巨大爆炸声搞得晕头转向的守军慌作一团，一筹莫展，只能猜想上面所发生的事情。

这时要塞顶上的作战活动就只剩下突击队的工兵为打通坑道网洞口而进行的有组织的爆破了。夺取3座桥梁的突击分队的滑翔机均按计划分别在桥的西端着陆，从哨所背后出其不意地向桥梁猛扑过去。费尔德韦兹尔特桥和弗罗恩哈芬桥的守卫部队还没有来得及作出反应，德军便迅速、完整地占领了这两座桥。要塞指挥官乔特兰德在滑翔机着陆时，刚好用电话命令炸毁坎尼桥和马斯河上的另外两座小桥。结果坎尼桥在德军袭击前被炸毁。

突击队攻取桥梁的战斗，得到德军阿尔登戈高炮营的88毫米大炮以及俯冲轰炸机的有力支援，使突击队在占领两座桥梁后的一整天中，顶住了比利时军队的猛烈炮击，得以坚守下来。

夺取埃本·埃马尔要塞的空降兵还在进行突击的时候，大批德国"斯图卡式"俯冲轰炸机就已到达，它们对通往要塞的道路进行了轰炸和扫射，封锁了通向要塞的所有通路，使其断绝了外援。

当乔特兰德发现要塞顶部已被德军占领时，他一方面组织后冲击，一方面要求要塞附近的炮兵进行火力支援。邻近的碉堡立刻作出反应，火炮开始射击。但是"斯图卡式"俯冲轰炸机很快就发现了这些火炮的炮口火焰，集中全力，迅速摧毁了这些炮兵掩体和火炮。天亮以后，比利时第一军的一个野战炮兵营开到了埃本·埃马尔要塞附近，准备炮击要塞上的德军，但还未来得及进入射击阵地，其大炮就被德军的俯冲轰炸机轻而易举地全部炸毁

了。7时，德军突击队第二梯队到达，300名伞兵成功地空降到要塞顶上，突击力量得到增强。在这些伞兵空降的同时，德军还在阿尔贝特运河西部40公里纵深的广大地区投下了假伞兵。

这些假伞兵是穿着德国军服的草人，伞具绑在它们的身上。为了模拟枪声，还在假伞兵身上安装了自动点火炸药。这些假伞兵空降时，确实起到了扰乱比利时军队的作用，比利时军不得不去迎击这些出现在背后的新敌人；就连比利时最高统帅部收到的情报真假难分，牵制了向埃本·埃马尔要塞的增援兵力。乔特兰德少校在要塞里曾组织了几次反冲击，企图把德军从要塞上边赶走，但都没有成功，于是他只好把力量仅限于阻止德军空降兵打进来。要塞尽管失去了大部分火炮，但要塞四周的地下防御体系和运河堑壕连在一起，德军无法从上面接近，双方处于相持状态。

从8时起，比军第一榴弹炮兵团开到埃本·埃马尔要塞北面，向要塞顶部的德空降兵进行火力袭击。但在"斯图卡式"俯冲轰炸机的攻击下，炮兵团的袭击未能奏效就败了回去。随后，比军第七师又组织了一个步兵营向要塞推进，准备反击。德军"斯图卡式"俯冲轰炸机立即转回来，对该营进行轰炸扫射，使其无法接近要塞。

8时30分，一架滑翔机意外地出现在要塞上空，在要塞上面德军的欢呼声中降落在顶部，从滑翔机上跳下来的是威齐格中尉。

原来，威齐格乘坐的滑翔机在莱茵河附近的草地上降落后，他立刻命令部下在这块草地上修出一条跑道来。在士兵们动作迅速地推倒篱笆、清除障碍物时，威齐格在附近的公路上拦住一辆汽车。

20分钟后，他回到了科隆的厄斯特哈姆机场。可是，那里一架JU—52飞机也没有了，只好打电话从别的机场调了一架飞机代替。这架飞机顺利地从草地上把滑翔机拖曳起来。这样，威齐格才得以重新返回他的突击部队。

按计划，德军飞机又空投了炸药箱，突击队准备用这些炸药对还没有完全被炸毁的碉堡实施再次爆破。

5月10日全天，德军都在埃本·埃马尔要塞进行"拔钉子"战斗，有的战

斗小组甚至从高达40米的断崖上把炸药吊下去爆破。时间一小时一小时地过去了，被压制在要塞内部的比军痛苦地忍受德军的折磨。

德军第六集团军在空降突击的同时，从正面向比利时发动了进攻。由于空降兵控制了埃本·埃马尔要塞外部，使要塞的枪炮不能发挥作用去阻止德军的前进，德正面进攻部队顺利突破比军前沿防线，渡过马斯河，于当天黄昏抵达艾伯特运河东岸，并接替了夺取桥梁的突击队。

傍晚，一个工兵营企图在埃本·埃马尔要塞前面通过运河，但被一座未被伞兵消灭的暗炮台的火炮所阻止。夜幕降临后，德军派出一个由50人组成的工兵组，用橡皮船偷偷渡过被水淹没的地区，摧毁了那座暗炮台和另几座暗堡。11日凌晨，该工兵营顺利通过了运河，登上要塞，然后在空降兵的协助下，对钢筋混凝土的地下工事、坑道等进行连续爆破。

整个上午，埃本·埃马尔要塞一直在爆破的震撼之下抖动，同时陆军工兵手持喷火器和自动武器向纵深推进。守备部队有60人被击毙，40人受伤。13时15分，比利时守军派出了谈判代表，乔特兰德少校请求投降，埃本·埃马尔要塞陷落。

在夺取要塞的战斗中，德军空降突击队以出敌不意的行动获得了巨大战果，以死6人、伤19人的微小代价，打死、打伤比军110余人，俘虏1000余人。德第六集团军从这个缺口向比利时快速推进，于5月17日占领了比利时首都布鲁塞尔。5月28日，比利时宣布投降。

德军空降突击埃本·埃马尔要塞，是战争史上第一次使用拖曳滑翔机作战的大胆尝试。埃本·埃马尔要塞的陷落，使德军突破了艾伯特运河的防线，为地面部队打开了通向比利时心脏布鲁塞尔的大门。因此当时有人评论说：任何坚固的要塞都难以抵御来自空降兵的突袭。

雷霆万钧

不列颠空战

　　1940年7月16日，希特勒签发了准备进攻英国的"海狮计划"。其战略意图是：进行一次突然的军事行动，首先摧毁英国的防御体系，在空战中消灭英国空军，夺取制空、制海权，然后一举占领英国。在整个不列颠空战期间，英国损失作战飞机近千架，被炸死、炸伤各类人员14.7万余。但英国飞行员击落德国飞机2400余架，使"海狮计划"最终化为泡影。

德军引诱
英国战斗机出战

自从1939年9月1日，纳粹德国百万大军闪电袭击波兰，第二次世界大战爆发。紧接着1940年4月25月初，德军又以迅雷不及掩耳之势，使荷兰、比利时、卢森堡、挪威等国相继沦陷。

6月22日，法国投降。

这一消息很快传遍整个世界。巨大的胜利使纳粹德国元首希特勒的欲望无限地膨胀起来。

自从1925年希特勒出版了自己的行动纲领《我的奋斗》一书后，已经整整15年了。这期间，他建立了自己的冲锋队和党卫军，由一个啤酒馆暴动的失败者，一跃变成了德国政府的总理和整个武装部队的最高统帅。他的纳粹党党旗几乎在整个西欧大陆飘扬。

今天，希特勒感到他一生中辉煌的时刻已经到来。在西进占领欧洲旗开得胜之际，他开始把注意力转向东方。多少年来，反对布尔什维克的强烈欲望不时地再现在希特勒深思熟虑的大脑中，尤其在这胜利之际。他早已觊觎苏联广袤的领土，准备向苏联发动进攻。

为了避免兵家两线作战的大忌，希特勒希望此时能与英国媾和。他相信，随着法国投降，英国人已经吓怕了，只要他做出和平姿态，英国人就会不战而降。于是，希特勒通过瑞典向英国放出了和平试探。

万万没有想到，3天后，英国外交大臣通过广播正式拒绝希特勒的"和平建议"。

希特勒感到有必要进一步明确显示德国的力量，以使英国醒悟过来。

他决定首先通过战略轰炸并辅以政治诱降征服英国，英国如不投降便实施登陆。于是，一个代号为"海狮"的进攻英国的作战计划很快拟制完毕了。

"海狮计划"总的战略意图是：

> 从拉姆斯格特延伸到怀特岛以西的广阔战线上，进行一次奇袭性军事行动。以挪威、荷兰、比利时和法国为基地的3000架飞机去摧毁英国的防御工事，在空战中消灭英国空军，并用火力制止住英国海军，夺取制空权和制海权，派25至40个师在尽可能宽阔的战线上登陆，一举占领英国。

德国领导人也已经看出，他们能否实现入侵不列颠的计划，完全取决于能否控制英吉利海峡和他们在英国南部海岸选定的登陆地点的上空。完全掌握运输舰只上空和海滩上空的制空权，是实现横渡海峡和登陆的决定条件。因此，必须摧毁皇家空军和伦敦与海岸之间的机场系统。

此时，德国空军的确实力雄厚。德军空军司令戈林对胜利毫不怀疑，他自恃拥有可以实现这一巨大目标的3支庞大的航空队：

第二航空队由凯瑟林将军指挥，驻在荷兰、比利时和法国东北部，指挥部设在布鲁塞尔，前沿指挥部设在灰鼻角。第三航空队在斯比埃尔将军指挥之下，驻在法国北部和西北部，指挥部设在巴黎，前沿指挥部设在多维尔。这两个航空队是主力，总共有战斗机929架，轰炸机875架，俯冲轰炸机316架。

第五航空队在施登夫将军指挥下，驻在挪威和丹麦。第五航空队只有部分兵力参加，它要比第二、第三航空队小，只有轰炸机123架，Ｍｅ－110战斗机34架。

这3支航空队可对英国形成半月形攻击的态势。而当时英国本土防空只有战斗机约800架、高炮2000余门。德国无疑拥有绝对的数量优势。戈林向希特勒宣称，他的空军"只需4天时间，就可像进攻波兰那样战胜英国"。

为了迎击德军的空袭，英国加强了自己的防空体系。经过努力，英国已

经构成了两道雷达探测网。第一道为本土防御雷达网，能有效地监视飞行高度4500米以下的飞机，第二道为本土低空搜索雷达网，用于搜索760米以下的飞机，并且在主要方向，配置了成千上万的对空观察哨，以弥补雷达情报的不足。

空军当局还在英格兰西南部组建一个新的战斗机大队，即第十战斗机大队。大队部设在巴思附近的鲁德洛。

其任务是负责英国西南部的防空作战，截击进入该地区上空的德军飞机。第十战斗机大队的建立，减轻了英格兰南部第十一战斗机大队的负担，使之能全力来保卫首都伦敦及其东南地区。可是当时，英国空军的战斗机数量是严重不足的，还有飞行人员的补充，也相当困难。

法国投降时，英军仅有1204门重型高射炮和581门轻型高射炮。这是远远不能满足需要的。因为，飞机生产工厂必须有坚强的防御，各个机场也应该有严密的防空力量，而西部港口、海军基地以及许多工业区也应增设高射炮。按编制需要，英军应有重型高射炮2232门，轻型高射炮1860门，可实际

❤ 保卫英伦三岛的英国战机

拥有的高射炮还不到需要量的一半，真可谓杯水车薪。

当时英国高射炮的生产量非常低，每月只能生产大口径高射炮40门，并在短时间内不可能有所增加。为此，不得不暂时牺牲对伦敦以及其他一些城市的防御，而把较多的高射炮用来保护飞机制造厂、机场以及其他要害目标。

为了阻止德军飞机对英伦三岛的入侵，尤其是阻止德军布雷飞机的活动，英军在沿海和主要大城市布置了1450个防空气球。还有不少防空气球布置在飞机工业和其他目标的防御上。

这些防空气球内充氢气，又大又轻，通常升到敌机飞行的高度，可有效地干扰德军飞机的入侵行动。为了使防空气球便于机动和缩短施放的时间，在移动时将球收回距地面数米高，然后系在卡车上转移。

为了统一指挥英国本土的防空作战，在空军部之下设立了防空指挥部，统一指挥皇家空军的战斗机部队、雷达分队、警报观测分队和陆军的高射炮部队。

为了指挥方便，又将本土划分为6个防空区，每个防空区划分若干防空分区。各防空区驻有一个战斗机大队，每个大队负责3至8个防空分区，几个防空分区指挥两三个战斗机中队。

到英伦空战开始时，英国皇家空军战斗机实力稍有所恢复，1940年7月中旬已达到了650架左右。它们大多数是"飓风式"和"喷火式"战斗机，其余则是比较老式的飞机。

不列颠之战开始不久，英国航空工业即加紧了作战飞机的生产，几乎每一个工人，每一分钟都投入到战斗机的生产中，从而创造了飞机制造业上的奇迹。

英国上下，不仅工厂生产战斗机，而且一些小车行和车间也都生产飞机零件。在6、7、8月中，英国每月生产约500架战斗机，比德工厂至少多生产100多架飞机。

空战高潮阶段，皇家空军曾遇到飞行员严重缺乏的危机，但从未有过缺

少飞机的时候。为了迎战德国空军，英国积极生产一种叫做"喷火式"的战斗机。这种性能优越的战斗机后来为整个"不列颠之战"立下了汗马功劳，成为英国皇家空军的明星。

为了防备德军的空袭，居民住所的窗户玻璃上都糊上一条条细纸条，形成米字形，以防炸弹震破玻璃伤人。家家摆满了一桶桶防火用的沙子和水，还要储备好食品和饮用水，以备德军入侵切断补给时，维持一家人的生计。

撤离儿童的工作有条不紊地进行。近5000名5岁至15岁的孩子被船运到大英帝国自治领地；近2000名儿童被撤运到美国，另有2000名儿童等待撤运。英国政府还将全国银行储备的黄金运出英国，转移到加拿大的蒙特利尔……这笔巨款后来被英国政府用来购买大量美国武器和装备。

1940年6月5日、6日，少量德军飞机开始袭扰英国各地，实施分散的空击，后来又加强了对海上英国运输船队的空袭。这就迫使英国当局把抗击德军飞机空袭作为战时问题列为当务之急，从而为通向整个"不列颠之战"奠定了基础。

丘吉尔经过多次与美国总统罗斯福交涉，美国终于同意英国以租让西印度群岛的基地来换取美国50艘驱逐舰。这一交易，与其说使英国得到了军援，不如说是在推动美国参战的进程上所取得的重大进展。

1940年7月间，美国大批火炮、枪支和弹药等武器运过大西洋，安全抵达英国。美国于1940年下半年和1941年上半年，给予英国道义上和物资上的援助，这使处于困难时期的孤军奋战的英国得到最有力支援。

1940年7月，英吉利海峡白浪滔滔。在灿烂的阳光中远远望去，海水和天空显现深浅不同的蓝色，只是在遥远的地平线上才融为一色。远处德国空军的大批飞机正飞越英吉利海峡……"不列颠之战"从此掀开序幕。

从1940年7月10日至8月12日为不列颠之战的第一阶段。此间，德军企图攻击英吉利海峡的英国舰船和英国南部诸港口，以引诱英战斗机出战，查明英空军的兵力部署、防空作战能力。

自从7月10日的第一场大战之后，在随后的10天，德军不断空袭英国运

输船队，使用的兵力也日益扩大，皇家空军损失了50架战斗机。

7月20日，有6位皇家空军的飞行员身亡，这是飞行员伤亡人数最大的一次。德国欣喜若狂，英吉利海峡上空的战斗似乎正在按德国人的战前计划发展。

此后的英吉利海峡空战几乎每天都有，从7月10日至31日德国损失180架飞机，其中100架是轰炸机；英国损失70架战斗机，约40000吨货船被击沉，但是皇家海军的舰艇完好无损。因此，就战斗机的损失而言，双方不相上下，打了个平手。

德国空军在摧毁英国战舰上并没有取得多大进展，同时，也没能使英国空军战斗机飞行员疲于奔命，因为英国空军有意只派少数飞行员参加战斗，德国空军引诱英国战斗机起飞，想在空中加以消灭的企图也已落空。

英吉利海峡上空的初战失利，并未能打消希特勒吞并英国的野心。相反，他希望"德国空军对英国的伟大空战"立刻开始。

8月1日，希特勒签署了德军最高统帅部下达的关于加强对英国海战和空战的第十七号总指令。

根据这个总令，德军拟制了"鹰日作战"计划，规定共同担负这一任务的第二、第三航空队的首要任务是歼灭敌战斗机，即英国空军的"喷火式"和"飓风式"战斗机，其次是战斗机机场、海岸雷达站以及英格兰南部的所有地面防空组织。

希特勒希望德国空军能迅速、无情、勇猛地完成消灭英国空军、夺取制空权的任务，以便在不久的将来开始真正的入侵——"海狮"行动。

希特勒实施"鹰日作战"计划

1940年8月12日，星期一，一连几天阴雨后，英吉利海峡上空出现了短暂的晴好天气，能见度极高。

上午一队德军飞机编队贴着海面向西飞去。当他们的飞机爬升起来后，很快就看到了海峡对面英国海岸的悬崖峭壁。此次飞行的任务不是去空战，而是炸毁英国东部和南部海岸的雷达站。

攻击的目标是耸立在英国东部和南部海岸的天线塔。这种高耸的天线塔在法国海岸用望远镜就可以看得清清楚楚。

英国已经在本土的东、南、西部沿海地带部署了许多雷达，组成了"海岸低空搜索雷达网"。网内各雷达站收到情报送中央指挥所，再经过中央指挥所的分析，就可知敌人飞机出动的情况，从而正确合理地指挥英军战斗机中队起飞拦截。

这一措施使德军丧失了至关重要的突然袭击的法宝。不用说德军的轰炸机入侵，就是当德军飞行在法国上空集结时，英国人就已经通过雷达探测清楚了。德国空军要想改变同英国皇家空军作战时的不利地位，就必须首先破坏英国沿海雷达站。

这就是今天鲁本斯德尔法编队的任务。为此，每架飞机的机翼下都挂了250公斤或500公斤的炸弹。虽然它们是战斗机，却挂着相当于俯冲轰炸机两倍的炸弹。

这次攻击行动既是为"鹰日作战"准备，也是德军空军在英国本土上空大决战的序曲。

　　鲁本斯德尔法上尉看了看表，差几分钟11时。他简短地下达了命令后，已飞到海岸的各中队立即散开，迅速朝各自的目标飞去。

　　马廷·卢茨中尉带领第一中队从伊斯特本刚进入英国内陆，就发现了佩西文雷达站。德军的6架"梅塞施米特式"飞机开始爬高。可是由于两个机翼下分别挂着500公斤的炸弹，爬高没那么灵活。

　　飞机好不容易爬到了所需的高度，接着做了一个大转弯，收油门，呼啸着向目标俯冲。当光学瞄准具对准4根天线塔中最近的一根时，卢茨中尉第一个投下炸弹。紧接着，机群像一阵突然刮起的暴风一样，掠过雷达站上空。

　　共有8枚炸弹命中了目标，其中一枚直接命中了细长的天线塔，还有一枚炸断了主电缆……

　　与此同时，由勒西格中尉率领的第二中队正在袭击黑斯廷附近的拉伊雷达站，炸毁了地面上全部建筑。由海因茨中尉率领的第三中队袭击了多佛尔附近的雷达站，有3枚炸弹落在了天线塔附近。尽管有两座天线塔被炸得歪

二战时的战斗机 ❤

斜，但都没有倒。其他地方的攻击情况都差不多，几乎都报告说完成了预定的任务。

当攻击编队返航时，各目标都冒起了黑烟。可是，透过滚滚向上的黑烟，人们发现绝大多数天线塔依然屹立着。经过抢修，袭击3小时后，英国绝大多数遭袭击的雷达站又相继开始了工作……

从11时30分开始，德军第五十一、第五十四轰炸航空团的3个大队出动了63架JU—88式轰炸机，袭击了朴茨茅斯港。这其中的一个大队的15架飞机袭击了文特油尔附近的雷达站，使那里的雷达站遭到了严重破坏，以致不能修复。

英国人为了堵上这个空隙，在怀特岛经过11个昼夜施工，又建成一个新的雷达站。

这一天，英国有6个雷达站被击中并遭严重破坏，一个雷达站被完全摧毁。而英国人则从被摧毁的雷达站废墟中发出假信号，以使德军误以为他们的轰炸不是徒劳的。

德国人果真陷入英国人的陷阱，没有把集中袭击继续下去。不久就完全放弃了对英国雷达站的攻击，这就为其最后失败留下了隐患。

尽管袭击雷达站的预期目的未能达到，但是德军同时开始的对肯特州英国战斗机部队前线基地的袭击却取得了很大成功。

9时30分，古茨曼少校的第二轰炸航空团第一大队的飞机在强有力的战斗机掩护下，对英国林奈机场进行了一次饱和轰炸。

上百枚50公斤炸弹，把这个机场跑道炸得坑坑洼洼，连机场的机库也被炸毁。接着遭到袭击的是英国空军战斗机司令部的霍金基地。同时，清晨刚遭受袭击的林奈基地又再一次遭到攻击。

13时30分，英国战斗机曼斯顿基地也首次遭到了猛烈攻击。实施这次攻击的，是上午刚刚袭击了英国沿岸雷达站的鲁本斯德尔法编队。

由于此时英国雷达站还如同瞎子一样瘫痪着，因此，鲁本斯德尔法编队奇袭获得了极大成功。当曼斯顿基地收到警报后一分钟，德军攻击的飞机就

飞抵机场上空了。

听到警报时，机场上英国皇家空军第六十五飞行中队的驾驶员们飞速地跳进"喷火式"战斗机的座舱，启动飞机。12架飞机开始向跑道滑行，最前面的3机编队已经加满油门在跑道上滑跑了。

就在这一瞬间，德军飞机铺天盖地飞临机场上空，顿时黑压压的炸弹从空中向下扑来。经过一阵狂轰滥炸，机场上剩下的4架飓风式战斗机和5架其他飞机几乎全部被炸毁了，炸弹也在机库和机场宿舍爆炸，大火吞没了大部分建筑……曼斯顿机场的损失相当严重。

到了傍晚，沿海地区的小型作战已结束。这一天，德军的第二、第三航空队在强有力战斗机护航下，投入了300架俯冲轰炸机。英军知道，大规模的空中作战即将来临，因为当天德军空军投入的俯冲轰炸机只是总兵力的1/3。

德国战机
狂轰滥炸英伦三岛

1940年8月13日至9月6日是不列颠之战艰难的第二阶段。德军集中突击英空军基地和雷达站，寻歼英空军主力。

德国飞机8月24日开始把那些致命的炸弹投向第十一大队的7个扇形站。

虽然英国的扇形站没有一个被完全炸毁，但是受到一连串轰炸，遭到严重破坏，特别是位于比金山和肯利的扇形站损失惨重。这些神经中枢的功能开始萎缩。

此后，英国各前线机场也遭到空袭。8月31日，皇家空军的战斗机指挥部迎来了它最糟糕的一天。一批又一批的德国轰炸机呼啸而来，像月球上的环形山，机场的仓库和指挥大楼被夷为平地，输电线路被切断，飞机被炸毁，地面人员丧生。这一天，德军总共扔下4400吨炸弹。皇家空军共损失了39架飞机和14名飞行员——自不列颠战役打响以来，德国一天之内被摧毁的飞机头一次少于皇家空军损失的飞机。在随后的几天里，风暴和阴云再也没有光顾过英格兰上空，接连几天阳光灿烂，万里无云。

从8月24日到9月6日接连13天，德军几乎每天组织千机大轰炸，即平均每天出动近1000架飞机对英国南部的机场、空军地面部队及航空工业实施攻击。这些攻击及其由此而引起的空战在此间达到了高潮。不列颠战役已经进入了决定性阶段，英国皇家空军驾驶员1个月以来一直处于高度戒备状态之中，每天要出动好几次，他们已经太疲劳了。尽管他们坚持着进行艰苦的努力，但德军方面的数量优势开始发挥效力。

随后，为了迷惑英国皇家空军的雷达监测人员，德国人在空中采取了一

种新的战术，即德国空军的机队整天在法国沿岸飞上飞下，正好在皇家空军的雷达屏幕所能看到的范围之内。监测人员根本就无法预测究竟哪一队飞机会突然转向北方，掠过英吉利海峡，对英发动真正的进攻。

第十一战斗机大队的5个前进机场和6个战区机场都受到了严重的破坏。在肯特海岸上的曼斯顿和利姆两个机场有好几次接连几天不能供战斗机使用。保卫伦敦的主要战斗机基地比金山3天内遭到6次轰炸，基地调度室被摧毁，伤亡7名地面人员，以致有1个星期之久只能供1个战斗机中队使用。皇家空军的战斗机防御力量开始削弱了。在这关键性的两周中，英国被击落重创的战斗机有290架，德国空军损失285架飞机。

英国面临着灾难性的危险，整个国家也陷入了一片恐慌之中。丘吉尔首相焦虑地说：“如果敌人再坚持下去，整个战斗机指挥部的全部组织就可能垮台，国家就有沦陷的危险。”

是的，如果德国的这种打击再持续下去，哪怕只是持续1周，英国的天空就再不会出现有组织、成规模的抵御力量，可以肯定地说，“海狮计划”就能获得进展。

8月24日夜里，德国空军几架飞机突然意外地轰炸了英国首都伦敦市区。几枚炸弹落到了伦敦市中心，古老的圣贾尔斯教堂被夷为平地，附近一个广场上的约翰·密尔顿塑像也从底座上被震下来了。一些住房被炸毁，炸死了若干平民。这一误投立即引起了英国的迅速反应。丘吉尔倒情愿认为这是故意的。他认为，最能赢得美国的同情及援助的，莫过于伦敦变成废墟的景象了。

丘吉尔将错就错，下令立即召开参谋部会议研究对策。第二天夜里，一道命令传到了皇家空军轰炸机指挥部：

对柏林进行报复性攻击。

8月25日，英国皇家空军首次对德国首都柏林空袭。晚上，柏林上空乌云密布。从空中俯瞰地面目标，若隐若现，大约只有半数的皇家空军轰炸机找到

了目标。这次空袭给柏林造成的实际损失很小，但在柏林引起了极大的恐慌。

接着的几日，柏林连遭到数次轰炸。8月28日的夜间轰炸，第一次在德国的首都炸死了德国人。德国官方宣布，炸死了10人，炸伤29人。希特勒震怒，当天下午，从他的临时大本营伯格霍夫飞回柏林。他命令戈林的轰炸机部队做好夜间空袭伦敦的准备，以此作为对丘吉尔"蠢不可及之举"的惩罚。

就这样，希特勒不是出于军事目的，而是出于政治目的——为了捍卫他个人的地位和尊严，做出了这一极愚蠢的决定。

8月31日，德国空军统帅部决定，9月7日将攻击重点转向伦敦。

1940年9月7日至10月31日是不列颠之战转折的第三阶段。德国空军改变了攻击目标，全力轰炸伦敦，英空军得以喘息，战局出现转折。

9月7日19时50分，由625架轰炸机、648架战斗机组成的声势浩大的德军机群，从不同航向、不同高度越过英吉利海峡直扑伦敦。英国战斗机部队

二战时的飞机轰炸

仍然估计德军要再次袭击他们的战斗机基地，因此，主动起飞以保卫空军基地，因此让出了飞往伦敦的可能通道。但是，德军已经改变了攻击目标，他们要大规模闪电式空袭伦敦。

第一波德机对泰晤士港、人口稠密的伦敦东区、伍尔威奇军工厂等目标准确投下了高爆炸弹。英国23个飞行中队全部怒吼着向轰炸机群横冲过来，在广阔的伦敦上空展开了激战。但他们来晚了一步。

德国成群结队的黑色轰炸机凶神恶煞似的在伦敦上空嚎叫嘶吼，狂轰滥炸。短短一个小时内，德军就成功地将300多吨高爆炸弹、燃烧弹泻入伦敦。

伦敦顿时成为一片火海。泰晤士河北岸地带被炸成一片长一公里半、宽半公里的燃烧着的废墟，锡尔弗镇完全被烈火所吞没。

大大小小的工业设施、交通枢纽、电力网络、平民住宅，甚至议会大厦相继被毁，爆炸声、坍塌声、呼救声、惨叫声以及警车、消防车的呼啸声伴着黑烟直冲云霄。

城市瞬间化为瓦砾，草木顿时燃成灰烬，整个大地在颤抖。从纯军事角度讲，德国首次大规模空袭伦敦获得成功。

随后数天，德军的轰炸给伦敦带来了空前灾难。德军飞机的轰炸使市区化作一片火海，火光映红了天空，映亮了泰晤士河水……没等消防队员们把熊熊的大火全部扑灭，后续的德国轰炸机又在火光指引下，呼啸而来，又投下雨点似的炸弹和燃烧弹。

1940年9月9日下午17时，德国空军200余架轰炸机在强大护航机群的掩护下，第二次前去轰炸伦敦。不过这一回他们不再那么幸运了。英国空军早就做好了复仇准备，严阵以待。

就在德国机群刚刚飞越英吉利海峡时，英国"喷火式"和"飓风式"飞行中队就立即奉命起飞，至伦敦的重要目标上空警戒。

当德军第一批几乎被护航战斗机簇拥着的轰炸机编队飞入多佛尔上空时，早在空中待战多时的两个飞行中队迅速猛扑过去，"飓风式"战斗机中队专门袭击敌人轰炸机，"喷火式"战斗机中队则全力拦截敌战斗机。双方

飞机在天空中你追我赶，展开了一场殊死搏斗。

蔚蓝的晴空顿时被画上了一道道白色的飞行尾迹，令人眼花缭乱。尽管德军最后还是成功地进行了轰炸，但也给他们提出了有力的警告：再也别想在不受攻击的情况下到达伦敦上空了。

其后几天，德国不惜代价继续闯入伦敦地区上空，并给伦敦造成了巨大的破坏，市区有1000多处被炸后发生过火灾，市民死亡近万人，市区的房屋被炸毁，到处是断墙残壁。人们缺水、缺电、缺煤气、缺食物，甚至缺药。

然而，纳粹的残忍没有而且也不可能泯灭英国人民顽强不屈的灵魂。相反，他们的行为更增添了英国平民对纳粹的仇视和憎恨。

在此命运攸关的时刻，英国战斗机司令部对战术作了重大改变。"喷火式"和"飓风式"战斗机不再以零星分散的中队投入战斗，它们采用能与敌方一争高下的大机群编队形式和德国空军对阵。

以"大型飞行联队"作战的日子来到了。几百架"喷火式"和"飓风式"飞机在阳光的照耀下闪着光芒，像一把把利剑横在天空，等待斩下侵略者的一个个魔爪。

1940年9月15日，一个金色的秋日，德国空军继14日的两次猛烈空袭后，集中最大力量对伦敦再次进行了白天空袭。200多架德国轰炸机在600多架战斗机的层层掩护下，遮天蔽日地向伦敦压来。德国飞行员感到胜利几乎是唾手可得了。

皇家战斗机司令几乎把所有的部队全都派上了天。第十一和第十二战斗机大队共有24个中队，近300架飞机，一批一批地腾空而起。所有这些"喷火式"和"飓风式"战斗机在伦敦以南、以西的空中筑起了一道钢铁防线。

此刻，这些皇家战斗机没等占据有利攻击位置，就迫不及待地在与德机同一高度上，从前方像一把把匕首直插德国轰炸机编队，顿时把德国机群搅成了"一锅粥"。几十架"喷火式"战斗机随即解散队形，各自为战。

飞行员猛按射击按钮，枪口狂喷火舌，德国轰炸机顿时阵脚大乱，几分钟内就接二连三地冒着黑乎乎的浓烟坠毁了。当天双方都竭尽全力，展开了

大规模的混乱厮杀。

午后刚过14时，当德国飞机像无边无际的潮水似的再次越过海岸时，英国又有两组结队成双的飞行中队和3个半单独行动中队迅速飞向敌机。德国飞行员碰上了比以前更为众多的"喷火式"和"飓风式"飞机。空战异常激烈，天空布满了横七竖八的道道白烟。

在地面上可以清楚地看到高射炮群向空中敌机发射出愤怒的炮火，听到炮弹在空中的爆炸声。空中还不时传来飞机扫射声，飞机被击中后发生的爆炸声，引擎加速时的尖叫声和飞机急剧俯冲的尖厉声。

这是血的拼杀！这是火的较量！德机狼狈逃窜！在这个具有特殊意义的日子之后，德国空军再也不想找机会和英国空军展开大规模的战斗机交锋了。

这一天，英国皇家空军大获全胜。第二天，伦敦报纸大字刊出《全歼德机185架》。

人们欢欣鼓舞，奔走相告。整个伦敦家家户户自发地挂起了英国的米字旗，庆贺皇家空军的大胜。

丘吉尔称这一天是空战史上前所未有的、最大的一次激战日。后来，英国把9月15日定为"大不列颠空战节"，以示庆祝。

事实表明，德军将轰炸目标改变到伦敦，是打错了算盘。德军轰炸重点的转移，拯救了濒临绝境的皇家空军，使几乎无力支撑的皇家空军战斗机指挥部得到喘息之机，使满目疮痍的扇形站得以解脱，从而拯救了英国，标志着历史上的第一次大空战出现了转折点，天平开始朝有利于皇家空军的方向倾斜。

德军统帅部深知，不列颠空战开始以来，英国空军并没有被消灭。对伦敦的轰炸不但令德国空军损失惨重，而且炸了个英国上下同仇敌忾。

戈林终于感到，他的自负以及无能已使他在希特勒面前失宠，其他各军种也对他怨气冲天。戈林已经被孤立了，败北英国的责任已完全落在了他一人身上。

为了尽可能减少损失，德军决定从10月1日开始，对伦敦的空袭改在夜

间进行。

1940年10月2日傍晚，由1000多架飞机组成的德军庞大机群又起飞了，他们要再次把死神带进伦敦。黑沉沉的夜幕成为德军轰炸机大发淫威的帮凶。

德军飞机在夜空中大摇大摆、肆意横行。前面的轰炸机将燃烧弹投向目标区，后面的轰炸机便寻着烈焰投下各种杀伤弹。

在伦敦码头上，在拥挤的贫民窟和食品店，到处都是猛烈的炸弹爆炸声。燃烧弹使伦敦大街小巷变成了一片残垣断壁和比比皆是的玻璃碎片。德国法西斯不久前在华沙和鹿特丹制造的恐怖，正展现在伦敦百姓的面前。

整个伦敦街区看上去正遭受一场空前的大劫难。人类正义又一次遭到摧残和蹂躏。

夜间空战给皇家空军带来了种种新的难题。尽管英国空军全力起飞拦截，但初期的效果不甚理想。皇家空军对夜间城市防空还缺乏足够的经验。

当时英国皇家空军战斗机部队的24个中队中，只有八个战斗机中队可以用于夜间截击。其中两个"挑战者式"中队和六个"布伦海姆式"中队飞机的性能不佳，在白天对敌空战都不得力，更甭说用于夜战了。

而部署在伦敦附近的高射炮和探照灯等防空武器数量严重不足，其中重型高射炮只有92门。

当时，整个英军防空部队中，射高为25000米的重型高射炮兵连只有32个，而射高为6000米的轻型高射炮兵连只有22个，探照灯连仅有14个，光柱只能照到12000米高。

这些防空武器的作用有限，远远不能满足偌大个城市的要求。

更困难的是，一直在防空作战中发挥重大作用的"千里眼"雷达网，也爱莫能助。因为英国的雷达站主要部署在沿海地区，内陆地区基本没有。敌机在内陆上空的活动情报应该靠遍布各处的对空观察哨提供，可是在夜间，所有对空观察哨只能盯着黑洞洞的夜空，对空兴叹。

防空陷入了很大的被动。夜间轰炸使德军轰炸取得了成功，德军轰炸机损失也明显降低。

1940年10月份被击落的仅为325架，远远低于8月份的662架和9月份的582架。

但是，英国皇家空军很快地吸取了教训，并调整了部署，加强了兵力。特别是指挥防空炮队的派尔将军，迅速地把高射炮从各郡的城市抽了出来，伦敦的高射炮数目在两天内增加了一倍多。

为了振奋人心，首相丘吉尔还特意命令把几门高射炮配置到市中心的海德公园内。在一些敌机可能入窜的重要地点上空例如泰晤士河口，升起了防空气球……

此后伦敦防空进入了一个全新的阶段。每当德军飞机入侵，顿时整个城市响彻刺耳的空袭警报。灯火管制使街区顿时变成一片黑暗，整个城市隐蔽在夜幕里。

突然，为地面防空高射炮和战斗机搜寻目标的探照灯光束，像一把把锋利的宝剑向天空射去，在空中扫来扫去。

整个天空又变得如同白昼，甚至比白天更为光亮耀眼。德军飞行员根本看不清下面的目标。

当探照灯照亮夜空时，展现在伦敦市民眼前的是另一幅空中搏斗的景象。数百门高射炮轰隆隆地对空齐射，从四面八方带着火光和怒吼，在天空编织出一张张红光闪烁的罗网。

尽管高射炮夜间射击效果不很明显，但是那种震耳欲聋的炮声使居民们大为满意。无不欢欣鼓舞，感到对德军还击了。

随着炮手们射击技术的熟练和提高，德军入侵飞机被击落的数量大大增加了。

有时高射炮队暂停射击，让皇家空军战斗机冲入夜空截击敌机。只见皇家空军的各种飞机冲入被探照灯光柱死死"咬"住的敌机群里，时而俯冲，时而拉升，一股股雾化尾迹在夜空狂奔飞舞，还不时从空中传来咚咚的射击声。

被高射炮或战斗机击中的德军飞机顿时化作火球，伴随着刺耳的尖叫声从天而坠，爆炸声和冲天硝烟随之而起。

在德国空军狂轰滥炸英国各地时，英国皇家空军的轰炸机部队也奉命对德军实施空袭。

1940年9月5日，英国轻型轰炸机攻击了德国在法国的两个基地。

9月7日夜里，英国皇家空军的重型轰炸机首次对德准备发动入侵的港口发起了猛烈的攻击。

皇家空军对从勒阿佛尔到安特卫普，从安特卫普到布伦的整个沿海各个港口的攻击，使拥塞在那里的德国船只遭到很大的损失。

9月7日至10月12日希特勒宣布取消入侵为止，皇家空军共击沉击损德国运输舰21艘，驳船214艘，拖船5艘，汽艇3艘，这个数字约占德国入侵英国集结船只总数的12％。

当德军还沉浸在失利的沉闷之中时，英国皇家空军借胜利的余威发起了攻击。

1940年9月15日晚上，以及16日、17日，皇家空军轰炸机队大规模持续轰炸了准备发动入侵的德军停泊港，使德国海军遭到严重打击。从布洛涅到安特卫普的各港口内的船舶，遭到了猛烈轰炸。安特卫普遭受的损失尤其严重。

德国海军将领纷纷向元首报告所受损失。

9月17日，希特勒不得不同意海军参谋部的意见，认为英国皇家空军仍然没有被打垮，德国空军并没掌握英伦三岛的制空权。纳粹统帅不情愿但只能再次推迟登陆行动，希特勒发出了正式指令：

"海狮"计划推迟。

希特勒名为推迟，实际上出于种种复杂原因被迫放弃了对英国本土的入侵计划。就这样，罪恶的"海狮"悄悄地遁去了。

英国空军击碎
"海狮计划"

1940年11月至1941年5月不列颠之战进入最后阶段。

随着11月、12月的来临，天气阴冷，风雨交加。

德军闪电轰炸，给伦敦带来许多苦难。有时，一夜之间一两万人因房屋被炸或烧毁，顿时无家可归；有时，挤满残肢断臂伤员的医院突然遭到德军的轰炸，他们无法逃散只能置身烈火中；有时，下水道被炸毁，照明、动力和煤气供应也陷于瘫痪；有时，成千上万疲惫不堪的人们挤在既不安全又不卫生的防空洞内……

尽管如此，整个伦敦的战斗和辛勤劳动的生活仍在继续。每天早、晚将近100万人进出伦敦，并能按时上班。

在11月的最后一个星期和12月初，德军空袭重点转移到了英国各港口。布里斯托尔、索斯安普敦，尤其是利物浦，都受到了德军猛烈地轰炸。没过多久，英国的军火生产中心城市，像朴茨茅斯、谢菲尔德、曼彻斯特、利兹、格拉斯哥等也都遭到轰炸。这些城市都毫无畏惧地通过了炸弹的考验。

1940年11月14日晚，月光皎洁明亮。毫无防备的考文垂市遭到德军50多架"Ｈｅ—111"轰炸机的毁灭性打击，满目疮痍，惨不忍睹。继考文垂之后，德国空军又如法炮制，对伦敦和伯明翰进行了类似的轰炸。

为了执行德国元首"保持对英国的政治和军事压力"的命令，德国空军几乎每天夜晚都把成百上千吨的炸弹投掷到伦敦和英国其他城市。每一次大规模的攻击都使成百上千的无辜居民丧生，受伤的人数增长5倍，失去家园的人数增长10倍。

1940年12月29日，星期天，德军在伦敦的轰炸达到了高潮。

德国人把所有空袭经验全都用在这次轰炸中了。这已是典型的纵火行为。

空袭的重点集中在伦敦中心金融商业区，轰炸的时间正好是泰晤士河河水最低的时刻。德军一开始就使用带降落伞的重型烈性炸弹，破坏自来水的主要管道，被炸而起火的地方有1500处之多。

火车站和码头遭到了严重破坏，8座教堂被炸毁或受到破坏，连伦敦市政厅也毁于炸弹和大火。

至1941年2月，德军共出动飞机24000架次，被击落156架；而伦敦则遭受了惨重损失，附近其他城市也受到不同程度的破坏。

英国空军面对这种被动局面，想出了各种可行的办法：一方面，他们用飞机装载探照灯配合地面探照灯部队为战斗机照明，并在德机来袭方向大量

二战时执行任务的战机 ⬇

施放阻拦气球；另一方面，以无线电干扰德国空军的夜间导航设备，破坏德机投弹命中率。他们还及时研制出了炮瞄雷达、战斗机夜航设备和机载雷达系统等一批新武器装备。

1941年后，英国的"伯伦翰式"夜间战斗机和"勇士式"战斗机都装备了名为"ＡＩ"的机载雷达。这种雷达能够使飞行员发现数公里以外的敌机，并根据雷达信号的引导追击几乎是毫无防御的德国轰炸机。

英国还将雷达用于防空炮火。

10月份开始装备高射炮指挥射击的雷达，12月份将雷达装备了探照灯射束。与此同时，英国的高射炮数量也增加到2400门，其中重高射炮1400门，轻高射炮650门。

英国电子技术的发明和改进，大大增强了防空炮火的威力。在德国夜袭开始的最初4个月里，英国高射炮队一共击落约130余架德国飞机；1941年5月，仅头两个星期，就击落敌机70余架。

德国战机轰炸英国

所有这些措施有效地遏制了德国空军的猖獗行动，从而减小了伦敦和其他大城市的损失。

事实上，直至希特勒下决心入侵苏联后，德军对英国的轰炸仍在持续，但已主要作为掩盖进攻苏联企图的烟幕，空袭规模也逐渐减小。

1941年5月，当进攻苏联的准备一切就绪时，德国空军开始大规模转向东线战场，完全停止了对英国的轰炸，不列颠之战结束。

据不完全统计，在1940年7月开始的"不列颠之战"中，德国空军总共向英国投掷了60000吨炸弹，造成14.7万平民伤亡，11多万幢房屋被毁。

与希特勒的打算正相反，德国空军的疯狂轰炸非但没有打垮英国民众的斗争精神，反而使全体民众空前团结，同仇敌忾。而且，在这场战争中，德国空军损失了1733架飞机，近600名飞行员；英国损失作战飞机915架，飞行员414名。

英勇善战的英国飞行员给纳粹德国造成了无法承受的损失，"海狮计划"不得不无限期推迟，并最终化为泡影。

雷霆万钧

第二次世界大战著名空战

塔兰托空潜大战

　　塔兰托位于意大利靴形半岛的后跟，是意大利主要海军基地。1940年，英国海军决定利用舰载航空兵，向塔兰托港进行空袭，消灭意大利海军的有生力量。攻击舰队于11月6日从亚历山大港出航，23时发动攻击。本次战役取得重大战果，英"卓越"号航母上的舰载机用了一个多小时击沉意大利战列舰1艘，重创2艘，击伤意大利巡洋舰及辅助舰各2艘。

英制订打击
意大利舰队计划

1940年6月，随着法国的战败投降，英国所面临的战争局面显得异常严峻，形势对英国海军极为不利。

原来根据英国与法国的协议，英国海军主要负责在大西洋上进行护航作战和封锁北海海域，阻止德国海军主力舰队进入大西洋；而在地中海与意大利海军角逐的使命则由法国海军来承担。

但现在，英国海军不得不在大西洋和地中海上同时迎战德国和意大利海军。而且，此时德国海军潜艇在海上的破坏活动非常猖獗，英军需要投入大量的护航反潜兵力，若要再分出部分兵力对付意大利海军，颇有些捉襟见肘。

此时，意大利海军拥有战列舰6艘、重巡洋舰7艘、轻巡洋舰12艘、驱逐舰61艘、潜艇105艘、其他舰艇69艘。地中海的英军则处于绝对劣势，因此英军地中海舰队司令安德鲁·坎宁安海军上将向海军部请求增派舰艇和飞机。

英国海军部根据战场形势，适时调整地中海舰队的建制，将地中海舰队一分为二，一支由坎宁安指挥，仍称地中海舰队，共计航母1艘、战列舰3艘、巡洋舰7艘、驱逐舰26艘、其他舰艇8艘，以埃及的亚历山大港为母港；

另一支由詹姆斯·萨默维尔海军中将任司令，称为H舰队，共计1艘航母、1艘战列舰、1艘战列巡洋舰、2艘巡洋舰和11艘驱逐舰，驻直布罗陀。两支舰队的作战区域以马耳他岛为界。

意大利舰队的主力常驻塔兰托港，掌握着地中海中部的制海权。在飞机的掩护下，他们可以随时袭击英国在地中海上的运输船队，使在埃及作战的英军后勤补给陷入困境。为此，英国地中海舰队不得不集中全力为运输船队

护航。

可是，尽管英国军舰在地中海上疲于奔波，运输队仍不断遭受袭击。而且，由于护航舰只较少，运输船队出航的时间间隔被迫拖长，致使运输船的周转率大大降低。

因此，削弱意大利舰队、夺取地中海的制海权，以保障运输船队的航行安全，已成为英国地中海舰队的当务之急。

在亚历山大港英国地中海舰队司令部里，一位鬓发斑白、精神抖擞的军人正双臂交叉在胸前，来回踱步，他就是当时已负盛名的英国地中海舰队司令安德鲁·坎宁安海军上将。

坎宁安将军15岁时就加入了英国皇家海军，40多年的戎马生涯，使他练就了沉着、果断的良好素质，战争的烽火将他锻炼成为一名坚定顽强的海军领导人。

而今，他怎能在强敌面前畏缩不前呢？丰富的战斗经验使他坚信：战争不仅是双方实力的决斗，更是谋略和智慧的较量。古往今来，以少胜多、智取巧胜的战例何止万千！

坎宁安敏锐地看到自己唯一的优势就是拥有的航空母舰，而对手的弱点也正在于此。尽管意大利空军能提供空中保护和远程侦察，但两个军种协同作战毕竟不便。从某种意义上说，在地中海上，英军真正地把握着制空权。

只要他一声令下，航母上

二战时的战列舰

的舰载机就能立即升空。另外，尽管意舰航速快、大炮射程远，但它们的装甲防护薄弱，以至于有人干脆叫它们"纸板舰队"。想到这里，坎宁安上将已胸有成竹，自信可以击败对手。

然而，事情毕竟没那么简单。决战只是坎宁安的一厢情愿，意大利海军司令伊尼戈·坎皮奥尼总司令似乎并没有这个想法。因为意大利海岸线长，其海军舰队得时时想着保护本土。

所以意大利舰队采取保守战略，平日龟缩在塔兰托港内，从不贸然外出，只是在得到可靠情报后才出海袭击英国的运货船队，完成任务后便匆匆返航。

一连几个月，坎宁安一筹莫展，找不到打击意大利舰队的机会。他也曾派几艘驱逐舰和商船出海，企图诱出意大利主力舰只。但坎皮奥尼似乎识破了他的意图，始终闭门不出。

意大利舰队的保守战略激怒了坎宁安。经与航空母舰司令利斯特海军少将研究，坎宁安作出了一个重大抉择：空袭塔兰托！

这一主动出击、打上门去的大胆设想，与1918年第一次世界大战中担任英国海军主力舰队战列巡洋舰分舰队司令的海军上将戴维·贝蒂面对德国海军舰队龟缩在港内的情况不谋而合，只是限于当时的技术条件戴维·贝蒂没能实现他的宏伟抱负。1935年，意大利入侵埃塞俄比亚时，英国海军地中海舰队司令庞德也曾制订了以舰载机攻击塔兰托军港内军舰的计划作为应急的备用方案，后来由于英军没有介入，这一计划也被束之高阁。

拉姆利·利斯特在1938年出任"暴怒号"航母舰长时发现了这一计划，并进行了深入的研究。1940年8月，已晋升为海军少将、担任地中海舰队航母部队司令的利斯特随"光辉号"航母到达亚历山大港，并向坎宁安汇报了这一计划。坎宁安正因意大利军舰闭门不出而大伤脑筋，闻听此计划，大加赞赏，并指示他开始进行必要的准备。

聚焦意大利
塔兰托海军基地

　　"如果把意大利海军比做一柄剑，那么瘫痪了塔兰托，这柄剑也就卷了刃。"有人在分析意大利军事地理时，得出了这样的结论。确实如此，塔兰托海军基地的重要性，得益于它所处的地理位置和险峻的地形。

　　意大利半岛就像踏进地中海的一只靴子，塔兰托就深藏于意大利靴形半岛的底部。在这只"皮靴"的鞋跟和鞋掌之间，有一个向内弯曲的鞋弓弧，这就是塔兰托湾。它面对着浩瀚的东地中海，与西西里岛共扼地中海的咽喉。以塔兰托为基地的意大利舰队，进可以攻，退可以守。难怪英国人将其视为心头之患。

　　塔兰托分为内港和外港两部分。内港名为皮克洛，完全为陆地所包围，仅有一条狭长的水道与外港相通。外港称格兰德，港阔水深，是大型战舰的主要停泊地，有圣皮埃特罗岛和圣保罗岛，犹如哼哈二将把守住入口。

　　数千米长的防波堤，从这两座岛屿延伸到岸上，像两条玉臂将整个塔兰托港拥入怀中。在外港唯一的入口处，意军已设置了防潜网，岸边有一尊尊巨大的岸炮指向外海。看来，想从海上攻入港内，真是难于登天。

　　尽管从空中对港湾实施攻击尚无先例，但意大利人也不敢马虎。在开罗，年轻有为的英国情报军官波洛克海军上尉用一种老式的投影放大机，对侦察机从空中拍摄的塔兰托港照片进行了认真判读。

　　他发现港内防御兵力很强，大约有300门高射炮和22个探照灯具。然而，使波洛克迷惑不解的是，所有的照片上都有一些小白点，难道是洗印时出的毛病？或者是相机镜头有污斑？然而，小白点的排列颇有规律性，间距大致

相等。这是什么呢？波洛克敏锐地断定：是拦阻气球。不久前，为抗击德机轰炸伦敦，英国就曾使用过这种气球，想不到意大利人这么快也学会了这一手。拦阻气球是由金属线或钢缆系留于空中一定高度上的障碍物，通常设在港口、舰艇和重要军事目标的上空，以防敌机低空突袭。一旦飞机从低空进入，就有可能撞上钢缆，导致机毁人亡。

塔兰托基地司令阿图罗·里卡迪将军对自己的杰作非常满意，他拍着胸脯对不时来此视察的意大利海军官员保证：

我的塔兰托固若金汤！火力、照明、拦阻都已联成网络，任何一架飞机都别想钻进来！

然而，他做梦也没有想到，英国航空母舰上的舰载机就是要突破他自认为固若金汤的塔兰托。英国在地中海的两艘航空母舰，一艘是"鹰号"，它跟随坎宁安转战一年，曾多次遭到意大利飞机的攻击，已显得老态龙钟；另一艘是"光辉号"，它刚刚服役4个月，显得生气勃勃。

"光辉号"航空母舰是英国皇家海军的骄傲，它舰长226米，宽29.2米，排水量为2.3万吨，吃水7.3米，航速31节，载机36架，其中"箭鱼"式鱼雷机24架，战斗机12架。"箭鱼"式鱼雷机是一种老掉牙的飞机，其最高时速只有138海里，和年轻的"光辉号"实在不太相称。让它们在夜间溜进塔兰托港

贴着水面低飞，在离目标几百米时投下鱼雷，那无异于去送死。为此，他们对"箭鱼"飞机进行了改装，领航员被挤在后座上，炮手被取消，空位上加放了一个60加仑的副油箱，以延长飞机的续航力。为完成突袭任务，还从舰队中挑选了一批经验丰富的飞行员，抓紧进行夜间训练。驾驶员练习陡直下降，在快要碰到浪尖时再把飞机拉起来，然后朝模拟目标投雷。

对这样大吨位的航空母舰来说，"光辉号"的载机量也许过少。然而，这正是英国人在设计上的巧妙之处。当时的英国首相丘吉尔敏感地预见到即将到来的空中威胁，他指示："宁可牺牲载机量，也要加强防护能力！"

于是，"光辉号"和它的几艘姊妹舰就成了与众不同的"装甲航空母

塔兰托港内的意大利战列舰

舰"，和意大利的"纸板舰队"形成了强烈的反差。

"光辉号"的装甲防护能力极强，飞行甲板装甲厚度为76毫米，据称可承受2000米高空投下的225公斤炸弹。它还装有两部792型对空警戒雷达和16门114毫米高炮。通过雷达屏幕上神秘莫测的尖头信号，雷达兵可以昼夜捕捉来袭的空中目标，并及时报告给高炮手。

"光辉号"的舰长是博伊德上校。博伊德绰号为"犟牛"，不仅因为他体格健壮，性情暴躁，还因为他有一种认准目标便义无反顾的性格。博伊德早年是巡洋舰上的一名鱼雷长，但他却对飞行有着特殊的兴趣。

当他还是个年轻中尉时，就私下学会了驾驶飞机。凭着天生的犟劲，他硬是从一个普通的轻巡洋舰舰长，晋升为皇家海军中为数不多的攻击航空母舰的舰长。鱼雷长出身的博伊德，对鱼雷感情深厚，当讨论攻击塔兰托是使用鱼雷还是炸弹时，他坚定地选定了前者："从舰底进水比从舰上进空气有效得多"。

博伊德选定鱼雷攻击，也不全是出于感情，更主要的是他对防雷网和鱼雷性能了如指掌。防雷网是一种用金属制成的防雷设施，设置在大型军舰的周围或侧旁，防护军舰最大吃水线以下的舰舷。所以，即使鱼雷投掷再精确，也只能炸毁一段防雷网，而奈何不了战列舰。

为此，博伊德起用了刚刚秘密研制成功的磁性鱼雷。这种鱼雷不同于一般的触发鱼雷，它的引信装有一个感应装置。当鱼雷从舰船底下通过时，感应装置受舰船磁场的影响而动作，从而引爆火药，使雷头爆炸。舰船底部比两舷的防护力差，易于损毁，因此，磁性鱼雷的攻击效果比触发鱼雷好得多。

更主要的是，由于磁性鱼雷不是直接触及舰舷时爆炸，而是从舰下通过时爆炸，定深可以适当靠下。意大利防雷网的设置深度为8米左右，英军可将磁性鱼雷定深为10米。这样一来，意大利人精心设置的防雷网就根本不起作用了。当然，对于这一切意大利海军当局一无所知。

奇袭计划
因意外"搁浅"

1944年11月6日13时，坎宁安将军乘坐战列舰"沃斯派特号"，率领庞大的地中海舰队从亚历山大港起航，浩浩荡荡向西挺进。

坎宁安将军站立在旗舰舰桥上，不时环视四周，脸上露出坚定而严肃的神情。他感到肩上好像压上了千斤重担，心里暗自思忖：这次行动事关重大，可能使他成为在地中海上创造奇迹的人，但弄不好也可能成为永远被耻笑的人。

然而，个人的功过在史册上究竟占多大分量倒是区区小事，重要的是，这一仗关系到英国今后在地中海上的命运。

坎宁安将军清醒地意识到，这次袭击成功的关键是出敌不意。可做到这一点又谈何容易！敌人在空中有飞机侦察、水上有潜艇出没，英国舰队的一举一动都在意大利人的眼皮底下进行。

在这种情况下，航空母舰要横渡地中海驶抵离塔兰托只有180公里的海域，而又不被发现，这可不是一件轻而易举的事情。如果英军的意图过早地暴露，导致意大利舰队出击，那么，整个袭击计划就会前功尽弃。

为了隐蔽企图迷惑敌人，坎宁安专门组织了一个佯动编队，代号"8部队"，由3艘巡洋舰和两艘驱逐舰组成。而且，在地中海舰队出航前后，英国还加强了地中海东部南北之间的航运，同时出发的运输船队有4批，希望以此分散敌人的注意。

可是，这样一来会不会弄巧成拙呢？坎宁安心里依然没底。

为预防万一，他加强了侦察力量，并命令由两艘战列舰、两艘巡洋舰和

12艘驱逐舰组成的掩护群，随时准备截击离开基地的意大利舰队。

令人庆幸的是，里卡迪将军的确不知道自己已面临危险。他的职责就是基地防卫，至于远海侦察，则由空军负责。因此，里卡迪将军手中没有一架飞机。

墨索里尼曾自负地断言：

意大利海军不需要有自己的飞机，打起仗来海空两军可以协同配合。

可他忘了，战争中多少次血的教训已证明：再好的协同也代替不了统一的指挥！

里卡迪得到空军的通报说，他们已向可能威胁塔兰托的海域派出了侦察机，但未得到敌情警报。

二战时期的航空母舰

是的，没有敌情警报，因为派出的侦察机1架也没有回来。在这个关键问题上，意大利空军向自己的海军兄弟打了马虎眼。

1940年11月6日至13日，曾有3架意大利侦察机接近过英国航母编队，但未等它们判明企图，就被"光辉号"上紧急起飞的战斗机击落了。里卡迪急盼的情报也随之被埋进万顷碧波之中。

在意大利海军高级指挥部的作战室里，一张大幅军用地图上密密麻麻地标注着意方和英方舰船的位置。这里是意大利海军的指挥中枢。值日官在11月7日陆续收到侦察报告：英国地中海舰队已驶离亚历山大基地，正在向西航行。

于是，意大利舰队司令坎皮奥尼将军通知塔兰托的舰队作好出航准备。可是，次日晨的空中侦察又否定了上述报告。坎皮奥尼举棋不定。

下午，意方又发现一支运输船队驶往马耳他，在这支船队以南发现坎宁安的战列舰正在向南航行。坎皮奥尼命令9艘潜艇开往这一海域，并派出多艘鱼雷快艇到马耳他海峡巡逻。

与此同时，从西西里机场起飞的25架轰炸机前往攻击，但未能发现目标……一连几天，纷繁杂乱、相互矛盾的情报充斥着作战室，英国航母编队所要去的东地中海反而被忽略了。

11月10日傍晚，坎宁安也收到一份侦察报告：

> 大量军舰停在塔兰托港内，没有丝毫离港的迹象，而且又有一艘战列舰驶入港内。

坎宁安情不自禁地吁了一口气，紧锁的眉头顿时舒展开来。

1940年11月11日傍晚，淡淡的月亮刚刚从东方海平面升起，"光辉号"航空母舰在4艘巡洋舰、4艘驱逐舰的护卫下，悄悄出现在意大利东南250海里的水域。博伊德上校站在铺有海图的指挥台前，不时校正着航向。航向的箭头所指，正是意大利海军基地塔兰托。

预定的出击海域快到了，博伊德的心弦也随之绷紧，即将到来的突击行动使他的表情显得很兴奋。是啊！这一天终于来到了。

坎宁安原定于10月21日发起突袭，之所以选择这天是颇费心机的，首先21日晚上是满月，皎洁的月光有利于飞行员发现目标，也有利于返航时发现自己的航母。

其次10月21日是英国海军的吉日——1805年的10月21日，英国海军名将纳尔逊率领英国舰队，在特拉法尔加海战中击败了法国和西班牙的联合舰队。

可惜，人算不如天算，这个精心安排的时间表不巧被一颗意外迸起的小火星付之一炬。在"光辉号"的机库里，一名地勤人员往"箭鱼"式的后座上装副油箱时不慎滑倒，手中的螺丝刀碰到了一个电源开关，电火花点燃了油箱内漏出的汽油，烈火迅速吞噬了两架"箭鱼"式飞机。

虽然机库顶上的灭火器喷出的盐水迅速将火灾扑灭，可是机库和飞机都得用淡水冲洗、干燥和重新装配，这一切都需要时间。

坎宁安只得随机应变，把袭击时间推迟到1940年11月11日，行动代号是"判决"作战。

英军舰载机
袭击塔兰托

克劳塞维茨曾说过："战争是最富偶然性的活动。"每一位参加过战争的军人对这句话都有深刻的理解。不仅"判决"的时间被推迟了，攻击力量也不得不一而再、再而三地被削减。

由于"鹰号"航母已经服役多年，舰体及内部设施老化严重，加之在最近的战斗中，又多次遭到近距离爆炸冲击，因此输油管线受损严重，航速大减，已无法跟上舰队航行，只得进行大修。

由于"光辉号"航母机库容量有限，"鹰号"所载的11架"箭鱼"已有5架转至"光辉号"，其余6架留在了亚历山大，这样出击的飞机就减少了6架。两天前，一架"箭鱼"式飞机从"光辉号"起飞，执行例行的反潜巡逻任务，可刚拉起来不久，便一头栽进大海。紧接着，又有两架也莫名其妙地坠海。

英军费尽心机，终于找到了事故的原因：母舰上的一个汽油舱内混进了沙子、水和海藻，使航空汽油受到污染。事情倒是不难解决，可攻击飞机又损失了3架。

剩下的飞机分为两个攻击波：第一波飞机12架，其中鱼雷机6架、轰炸机4架、照明机2架；第二攻击波飞机9架，其中鱼雷机5架、轰炸机2架、照明机2架。第一、二波分别由威廉森海军少校和黑尔海军少校指挥。

威廉森和黑尔专门研究过对付拦阻气球的方法。气球间距大约270米，白天飞机完全可以从钢缆中间飞过。但是，在黑夜，飞机摸黑飞行，情况就完全不同了，单纯凭借月光根本看不清钢缆。

为此，几架"箭鱼"式改挂照明弹和炸弹，在港口东岸投放照明弹照亮目标，让携带鱼雷的"箭鱼"式从西南和西北方向发起攻击。投掷照明弹后，这几架飞机再去轰炸港口设施。

距塔兰托仅200海里时，"光辉号"开始减速，并调整到迎风航向，以利于飞机起飞时获得最大升力。巡洋舰"格洛斯特号""伯威克号""格拉斯哥号""约克号"和4艘驱逐舰像忠于职守的卫士一样，向4个方向散开，以防不测。

海面上微波起伏，月光静静地洒落下来，将"光辉号"的航迹抹上了一层银白色的光亮。12架"箭鱼"式飞机像整装待发的勇士，威严地排列在飞行甲板上。

伫立在指挥塔台边的博伊德一言不发，像往常一样，他有力地拍了拍中队长威廉森少校的肩膀。威廉森会意，转身跑向自己的座机，并潇洒地用食指和中指打出一个象征胜利的"V"字。

扩音器发出准备起飞的命令。

飞行员和领航员系紧降落伞背带，对仪表进行了最后检查，接着启动了发动机。轮挡员趴在甲板上，给飞机塞好了轮挡。螺旋桨开始飞速旋转。在一片轰鸣声中，探照灯将飞行甲板照得透亮。

1940年11月11日20时35分，舰桥上方的信号台上发出一道淡绿色的光束。飞行长下令抽去轮挡，威廉森少校加大油门，飞机隆隆地滑过飞行甲板，挟风而起，消失在茫茫的夜色里。

几分钟内，12架飞机依次腾空。有9架爬至2300米的高度，组成3个"V"字形小组，其余3架由于被云层遮断，未能加入编队，只好单独飞行。

远道而来的不速之客，很快就打破了塔兰托的宁静。

一个侦听站报告说，收听到飞机的声音。里卡迪下令发出警报。顿时，塔兰托全城一片漆黑，市民在军警的指挥下匆匆进入防空洞，港湾里的舰只立即做好了起锚疏散的准备。

港湾东山头的高炮也许因过分紧张而失控，一串曳光弹射向夜空。但很

快一切便平静了，10分钟后，警报解除。之后，再次响起警报，稍后又再次恢复平静。

居民们麻木了，警戒的士兵也疲劳了。只有里卡迪还守在自己的指挥所，他暗自祈祷：但愿永远是虚惊一场。

深夜23时，沉睡的居民和士兵被第三次警报吵醒。当人们还在诅咒这一次又一次的恶作剧时，东南方向的飞机发动机声已由小渐大，值班高炮首先喷出火舌。

这时的威廉森少校还在50海里之外，遇到一股强大的气流，飞机毫无规律地剧烈颠簸着。3个小编组也像一群晕头转向的鱼群一样到处乱撞。好不容易冲出气流后，威廉森立即调整好编队，加速朝目标飞来。

威廉森的观察员是斯卡利特海军上尉，他第一个看到了前方铅灰色的夜空中出现的橘红色弹道，立即提醒威廉森："那就是塔兰托。"

"嗯，他们好像知道我们要来，在放焰火欢迎呢。"威廉森轻描淡写地说。

二战时期的英国飞机 ❤

"可能是3架没爬高的飞机提前赶到了塔兰托。"斯卡利特马上解释道。

23时2分,机群飞临塔兰托上空。此时,意军高炮昂着头,正在起劲地射击。两架英机在拦阻气球屏障外投下了照明弹。照明弹由小降落伞悬挂,设定在1370米高度燃烧,把整个军港映照得亮如白昼。这也是命令"箭鱼"式飞机开始俯冲的信号。

7000米、5000米,四周炮弹爆炸形成一个个巨大的火球,一个个火球又联结成一张火山爆发似的立体火网,飞机在网眼中迅速穿梭,探照灯的强光令驾驶员们睁不开眼睛。4000米、3000米、2000米……飞机在不断地俯冲、俯冲。威廉森后来回忆说:

我按下LA4飞机机头,和LC4、L24飞机一起从西部向港湾内飞去,5000米以外意大利舰队的"加富尔号"战列舰的庞大舰体已隐约可见。

我驾机以小角度高速俯冲,一串串火球从机身下一晃而过,瞬间又飞舞在飞机的上方。突然,前面出现了两个拦阻气球,我赶紧摇摆机身从其中穿了过去,险些撞上右边的那一个,吓出了一身冷汗。

在飞机俯冲到离海面30米时,我把飞机拉起,飞越了防波堤。飞机贴着水面飞行。海水像一面硕大的镜子,映出了满天炮弹炸开的火团,像是海底有另外一个世界。

"加富尔号"战列舰特有的上层建筑渐渐清晰起来。舰炮加入了岸炮的行列,朝鱼雷机怒射。"加富尔号"和两艘驱逐舰显然是发现了我们,只见它们转动炮口对准了我的飞机。

我不顾一切地朝着"加富尔号"直冲了过去。瞄准环里的舰影瞬间胀大起来,宛如一座城堡横亘在眼前。

在飞机眼看就要撞上战列舰的时候,我立即按下了按钮,投下了鱼雷。飞机由于突然释重,机首自然抬起。我手拉操纵杆,

脚踏舵板，想使飞机向右倾斜转弯，但此时飞机机尾猛地一抖，不好，机尾被击中了。飞机立刻失去了控制，直向海里冲去。

就在这时，我听到了一声剧烈的爆炸声，是鱼雷击中了"加富尔号"……

此时的塔兰托港已到处是冲天的火光和剧烈的爆炸声。昔日安静、整齐的军港一片狼藉，有的舰船东倒西歪，有的则只剩下桅杆露在水面，像是在发出求救信号。

LC4和L24飞机跟随威廉森的LA4飞机穿过弹雨，飞越防波堤。它们原计划攻击"维托里奥·维内托号"战列舰，但距离太远。当见到"加富尔号"击落了威廉森的飞机后，他们便朝着"加富尔号"复仇而来。

他们投下的鱼雷把"加富尔号"舰首炮塔稍后的地方炸开了一个大洞，海水汹涌而入，这个庞然大物不久便慢慢地沉了下去。

第二飞行小组的3架飞机从西北方向进港，3机进行大角度俯冲，绕到气球障碍的北端掠着水面飞行。小组长肯普海军上尉驾驶LK4飞机在徐徐降落的照明弹光亮的映照下，向意大利最新最大的战列舰——"利托里奥号"发射了鱼雷。

他的观察员亲眼看到一条银白色的航迹如利剑直刺过去，"轰"的一声击中了目标。另两架飞机也尾随而至，又是"轰、轰"两声巨响。

这艘比"光辉号"航母还要大的战列舰就这样惨遭重创。

与此同时，4架轰炸机按预定方案对内港舰艇进行了轰炸。塔兰托像一个被捅翻了的马蜂窝，乱作一团。

一架飞机尖叫着低空掠过里卡迪的指挥大楼，径直朝港湾中的舰群而去。里卡迪一时不知所措，上周的一场暴风，把90个防空气球毁坏了60个。

没想到大胆的英国飞行员竟然敢在气球的钢缆间穿梭往来。尽管地面的21个高炮连都开了火，但士兵们大都未经过夜战训练，连目标也捕捉不到，能否击中，就只有凭运气了。更令里卡迪气愤的是，英国第一波飞机撤走之

后，高射炮火仍在卖力地射击。

里卡迪以为袭击已过去，他操起电话，欲向罗马的海军最高指挥部报告。就在此刻，警报第四次响起。第二波攻击开始了，塔兰托港又成了一片火海。

黑尔海军少校率领的第二突击波9架飞机是21时20分起飞的。这一次并不顺利，2架飞机在飞行甲板上两翼相撞，幸好没有损坏。起飞20分钟后，又有一架飞机因故障被迫返航。所以只有8架飞机按预定计划飞临塔兰托实施攻击。

这一次，意大利人变得聪明了一点，战列舰、巡洋舰和陆上炮群不再各自为战，而是组成了绵密的交叉火力网。当8架"箭鱼"式进行突破时，有一架飞机被击落。

观察员萨顿海军上尉报告说："敌人发现了我们，并朝我们开火。到处是炮火发射的闪光，并且接连不断，我们周围都是从四面八方射来的闪烁的光道……他们用一切可用的武器向我们开火。"

5架携挂鱼雷的"箭鱼"式飞机又故技重演，再次降下高度贴着水面飞行，直取战列舰。一架飞机的轮子着水，像打水漂似的在浪尖上滑行。萨顿上尉盯住了已受伤的"利托里奥号"战列舰，在距离700码时按动投雷按钮，毫无动静！

怎么回事？再来一次！仍然没有反应！这时萨顿不免紧张起来，他发狂般地使劲按动投雷按钮……终于在最后一瞬间，鱼雷被投落下去，准确无误地冲向"利托里奥号"高高耸起的侧舷。

紧接着，其余飞机投下的鱼雷击中了尚未受伤的"卡欧·杜利奥号"和"维托里·文内托号"战列舰。之后，7架飞机巧妙地规避机动，穿过密集的弹幕和滚滚浓烟，扬长而去。

英军夺得
地中海制海权

坎宁安上将在焦急地等待着博伊德舰长的报告。

博伊德伫立在"光辉号"的舰桥上，也显出焦急的神色。

时间已过午夜，深沉的夜色笼罩着万顷碧波，海面上除了军舰劈波斩浪的哗哗声外，万籁俱寂。此时此刻，博伊德的心绪如汹涌的波涛，翻腾不已。

他的目光不停地扫视着茫茫天际，急切期待着战鹰的返航。尽管这次突击不是一种毫无希望的冒险，但确实是蕴含着极大危险，需要付出的代价很可能难以估量。

1940年11月12日1时12分，雷达荧光屏上相继出现了一个个尖头信号。雷达兵大声报告：飞机归来。不一会儿，飞行甲板上开始忙碌起来，第一波次的11架飞机相继降落。

2时整，第二波次的7架飞机也开始降落。

只有威廉森和第二波的一架飞机没有回来，袭击取得了巨大的成功。

12日晨，当绚丽的霞光映照大地时，塔兰托港已失去了往日秀丽的姿色。映入人们眼帘的不再是碧波帆影，而是满目创伤。水上漂浮着大片大片的油迹，中弹的舰艇还冒着浓烟，救援艇只往来穿梭，港岸堤旁人声嘈杂，人们在呼喊着、哀号着……

在一间宽敞的房间里，里卡迪将军正在主持召开紧急会议，查明遭袭击的原因，以便向上司汇报。他脸上那惯常的骄矜之色一夜之间消失得无影无踪。

英国人只出动了20架飞机，耗用8枚鱼雷和少量炸弹，就在短短65分钟内，击沉、击伤意大利战列舰3艘、巡洋舰两艘、辅助舰两艘，使意大利舰队

折兵一半。损失之巨，甚至超过了日德兰海战中被歼德国舰只的总和！

塔兰托一战，坎皮奥尼吓破了胆。他赶紧下令意大利舰队放弃塔兰托港北撤，把地中海中部的制海权拱手让给了坎宁安。

空袭塔兰托使在北非作战的英军时来运转。大约有一个月的光景，坎宁安舰队攻击意大利运送补给的船只连连得手，英国满载军需物资的船队，也平安开抵埃及。英军在给养充足的情况下发起反攻，将元气大伤的意大利军队打得溃不成军。

博伊德没有像以往胜利后那样狂欢。他在牵挂着他最得力的部下威廉森。

威廉森并没有死，他受伤被捕，当了战俘。1943年意大利停战前，他又被转送到德国。直至1945年德国投降，他才获得自由。他们再次相会时，是在大战结束后的伦敦。博伊德把一枚女王亲授的"优异服务勋章"挂在威廉森胸前："我替你保管了5年，就是那个令人难忘的塔兰托之夜，使你获得了

轰炸引起的浓烟

它！"

英国皇家海军在塔兰托港的胜利，使海军中的有识之士认识到海上空中力量的重要性，并开始注重发展使用航空母舰。以坎宁安上将为代表的英军将领，通过20世纪30年代几次演习和实战，敏锐察觉到航空母舰及其舰载机对于海军决定性的作用，遂大胆决定以舰载航空兵为主力，突击停泊在港口内的意军舰队。

这在当时是极为先进的创想，并开创了舰载航空兵攻击停泊在港口舰队的成功战例。这一仗的胜利，实际上是先进军事观念和理论的胜利，意大利海军根本没有料到英军会采取这种没有先例的方式实施突击。

尽管意军有防空火力配置，但部署很不完善，加之又没有心理准备，被英军区区20架老式双翼机打了个落花流水！

从军事理论上讲，塔兰托之战开创了以航母舰载机袭击敌方海军基地，并取得完全胜利的先河，它证明了航母在现代战争中的重要地位，揭示了舰载机在现代海战中的决定性作用。

电讯将舰载机袭击军港的战况传向世界各地，远在地球另外一边的东京，为歼灭美国舰队而苦寻良策的山本五十六海军大将眼睛为之一亮。

这一胜利也为日本正在紧张筹划中的偷袭珍珠港计划提供了绝佳的实例，日本海军联合舰队司令山本五十六随即指示驻意大利的海军武官全方位搜集一切相关情报。

一年后，震惊世界的偷袭珍珠港简直就像是突击塔兰托的放大版！

雷霆万钧

第二次世界大战著名空战

英军的空降作战

　　1940年5月10日，自德军开始对西欧各国实施闪击战后，英国首相丘吉尔为了重建英国人的信心，组建了一支专业袭击分队对德军进行打击。1941年2月7日，突击队飞往意大利南部沃尔土诺山，准备爆破这座山上的供水管道。但由于意外情况，只炸毁了一座桥梁。虽然如此，却显示了英国空降兵的潜在力量，并给意大利政府带来了一次心理上的冲击。

丘吉尔组建
专业袭击分队

　　德军自1940年5月10日开始对西欧诸国实施闪击战后，至5月底，卢森堡、荷兰、比利时先后投降。

　　盟军40个师被德军包围于比、法边境的敦刻尔克地区，开始执行"发电机作战计划"，即从海上撤退。

　　至1940年6月4日，从敦刻尔克撤退到英国海岸的人数为33.8万人，其中英军22万多人、法军8万多人，其余为少数比军。

　　盟军撤退时武器装备丢失殆尽。英军共丢弃2400门火炮、700辆坦克、8000挺机枪，接运盟军撤退的舰船损失226艘，还有302架飞机被击毁。敦刻尔克大撤退后，英国的军事力量一蹶不振，而德军似乎是所向无敌。

　　6月5日，德军开始进攻法国内地，14日进占巴黎，22日法国政府投降。

　　英国首相温斯顿·丘吉尔为了重建英国军队的声誉和英国人的信心，指示英军组建了一支专业袭击分队——第二突击队，该分队曾以"布尔人"之名而驰名于世。

　　德国在挪威和丹麦、荷兰、比利时空降突击的胜利，给丘吉尔以极大震动，他在下令所有沿南海岸德军可能着陆的地方都设置障碍物的同时，指示国防部尽快组建一支"至少有5000名伞兵的部队"。

　　国防部立即给各军区下令，要每个军区选送1000名志愿者，与此同时迅速组建了训练机构。在各军区的志愿者到达之前，根据丘吉尔的旨意，"布尔人"突击队成了伞兵部队的首批受训人员。

　　丘吉尔急欲使这支富有神秘色彩的部队在对德作战中创建功勋。当时英

国的其他军队正在进行整编，准备迎接可能来临的德军入侵本土的战争，对其他作战行动则尽量回避。

因而"布尔人"突击队实际上只是一支人员、装备和武器都不充足的部队，它受命执行的也都是得不到任何支援的战斗任务。

"布尔人"突击队的司令部称作联合作战指挥部，它从陆、海、空三军各部队抽调人员集中训练和使用。突击队的初期成员，主要是原来组织起来准备在挪威抗击德军的10个独立连。

1940年6月初开始，突击队一直在分小组悄悄地从英国出发，对德国控制的欧洲海岸军事设施进行袭击。

丘吉尔对这些偷袭行动大加称赞，他认为"布尔人"突击队的作战行动尽管规模小、机会少，但是在英军遭受一系列失败后，在战略防御阶段取得的某些战术进攻的胜利。

这些人都希望能及早参加空降战斗，而且很喜欢突击队的特殊生活方式。因为突击队不在营区驻扎，而是让其自找住处。训练地点附近的居民很快便发现，到他们家里寄宿的不是一般的老百姓。

为了向急于求成的首相表示工作有所进展，国防部必须解决空降部队的训练场地和膳宿问题。为了不让其他的部门插手，他们首先选择了北部工业城市曼彻斯特的林格威民用机场作为空降训练试验中心，该机场位于索尔兹伯里平原陆军训练场的最北面。

此地气象条件不利于飞行，因为曼彻斯特是英国著名的多雨区，即使不下雨时，当地的工业烟云也会笼罩整个天空。

1940年6月19日，空降训练试验中心改称中央空降学校。当时学校没有伞降训练经验，管理人员是从陆军和空军部队抽调来的，彼此之间非常陌生，甚至对自己到该校的任务也稀里糊涂。

首任校长是空军少校路易斯·斯特兰格，他是第一次世界大战中有名的飞行员。斯特兰格少校只有皇家空军在战前训练单个人员跳伞的经验，即跳伞员爬上"弗吉尼亚式"双机翼轰炸机的机翼，用手扶住两翼间的支柱，接

到飞行员发出的信号后，打开降落伞，让张开的降落伞把他们拉入空中。

该校管理人员中的陆军最高官员是少校约翰·洛克，他来自皇家工兵部队，是一个自觉性很强、富有献身精神的人。尽管毫无空降方面的经验，但他立即开始了训练和组织空降部队的研究工作。

训练中首先遇到的是飞机、降落伞的保障和教员的来源问题。在洛克的奔走下，空军部很快给该校调拨了6架"惠特利"轰炸机，作为伞兵运载机，并配发了1000具训练用伞。开始使用的伞还不是采用绳拉开伞，首批受训的学员必须采用类似手扶机翼支柱的方法，从"惠特利"飞机尾部临时装上的平台上跳下。

伞兵空降

好在这种伞没用几天，带有以绳拉开伞装置的背式降落伞就运到了，同时在"惠特利"飞机的肚子下面开了一个便于伞兵跳出的舱门。但不幸的是，刚使用这种降落伞就出现了人亡事故，一名士兵的伞未开就坠地了。这是一次因操作不当造成的事故。

1940年7月9日，洛克起草了一份改革空降部队现行训练制度的报告。他指出，空降部队急需解决的首要问题，是英国到底需要拥有多少空降部队为宜。

此外，目前存在的问题还有：空降部队的任何事情都必须经国防部和空军部两个部门批准和作出决定，而他们互不信任。林格威又是一个不适合空降部队训练的地方，突击队员自找住处的做法容易与当地政府发生冲突，同时也没有适合于空降部队训练的运输机。

洛克提出，应有一个能满足飞行训练、气象条件好的机场和大的着陆场。要修建营区，强化部队的纪律，要采用专门的徽章，而现在许多人还佩戴着他们原部队的徽章。

1940年8月起，各军区选送的突击队员陆续到达，开始进行伞降训练，这是组建空降部队的第一步。这时有人提出滑翔机比降落伞更易于空降，使用滑翔机，士兵可以集体着陆，并能携带装备和重型武器。

8月10日，以滑翔机部队弥补伞兵部队不足的建议呈交给了丘吉尔。鉴于德军用滑翔机夺取埃本·埃马尔要塞战斗的例证，丘吉尔表示完全同意，并指令空军部负责领导和组织生产滑翔机。

9月5日，英空军召开会议，研究未来空降兵的体制编制问题。与会的陆军和空军的将领们坐在一起，通过解释和谅解，从思想上消除了怀疑和隔阂，形成了工作上的伙伴关系。

会议所作出的重要决定是：

空降兵部队的兵员来自陆军，滑翔机飞行员由陆军负责抽调，空军负责培训；

计划至1941年春培训出一支3000人的伞兵部队，和一次能空

运、空降一个旅的滑翔机部队，并建议制造能够运载坦克或与其相同重量物品的大型滑翔机。

会议还讨论了空降作战的各种形式，例如袭击敌人占领的土地，然后从海上或空中撤出；以空降部队作为进攻的先头部队；甚至讨论了以空降袭击德国内地的重要目标，以引起其惊恐、沮丧局面等大胆的设想。

会议之后，空降部队的一切工作都按决定迅速展开。中央空降学校改名为中央空降部队，指挥官是空军上校哈维，在其内有发展科和伞降训练学校、滑翔机训练中心等。至1940年9月底，"布尔人"突击队共接受了21名军官和321名士兵，11月完成了第一期跳伞训练后，改编为第一伞兵营，成为英军第一支空降部队。

英国伞兵实施"巨人行动"

1941年年初，中央空降部队就将当时还未完全组建齐全的空降部队的使用原则制订了出来。

除了以前就明确的袭击敌人和夺取敌机场外，其主要任务还有：

配合正面进攻的地面部队，从后方攻击敌防御阵地；

空降在敌后，孤立敌方阵地，阻止敌预备队开进；

夺取并扼守重要渡口和隘路，防敌破坏，防退却之敌利用；

实施侧翼攻击；破坏敌交通运输；实施佯攻，牵制敌预备队等。

至此，英军第一批空降兵部队建成并作好了战斗准备。联合作战指挥部对伞兵的发展非常关切，为了检验第一批伞兵的训练成果，开始寻找战机并计划空降兵初显身手的行动。

这时，意大利和德国已结成军事同盟，并对希腊发起了进攻。虽然英国陆军部队在意大利北部和东非取得了一些战果，皇家空军战斗机在英国上空也取得了巨大胜利，但在国内影响还不够大。

为了打击意大利，警告墨索里尼在阿尔巴尼亚和利比亚的战争升级行动，抵消德军几次空降成功的影响，英国决定使用刚组建起来的空降兵，深入意大利国土，以较小的代价进行一次在民众中能产生良好心理作用的军事行动，以显示自己的力量，鼓舞全国的士气。

联合作战指挥部的参谋们在伦敦一家自来水公司的帮助下，寻找到一个作战目标——意大利南部沃尔土诺山上的供水管道。

该供水管道修建于1930年，长期以来为意大利南部的塔兰托、布林迪西、巴里和福贾等重要港口、城镇提供淡水。而现在，这些都是向意大利作战部队输送补给物资必经的港口，而且被驻巴尔干的其他轴心国部队所利用。

如果这条供水管道被破坏，至少一个月内这些港口将得不到淡水供应，影响面很大。同时，该目标处于农业区，人烟稀少，不会有多大反抗力量，完成任务后便于向海边转移，从海上返回。

联合作战司令部指挥官、海军上将凯斯，挑选了"皇家威尔士明火枪团"的普利查德少校任这支伞降突击队队长，任命克里斯托弗利上尉为副队长，并任命皇家工兵部队的戴利上尉为爆破组的指挥官。

普利查德少校在看沃尔土诺山区的航空照片时发现，山腰上有两条平行的导水管，他沿着像是主要导水管的这条线选择了一点，并将其指示给戴利上尉进行爆破。

突击队共38人，其中有6名军官、32名士兵。随同突击队行动的，还有一名意大利语翻译。使用的空运工具是"惠特利"轰炸机。

计划于2月10日夜间伞降，任务完成后，伞兵徒步隐蔽地从陆路撤退到塞列河口潜伏，2月18日夜间一艘英国"胜利号"潜艇将在河口露出水面，将他们接走。如果这一次未接到，潜水艇将于25日夜间返回该地再接应一次。

由于是首次空降作战，在联合作战司令部的领导下，英空降部队进行了周密的组织准备。为了训练战斗人员，在林格威附近的塔顿公园里秘密地修建了模拟目标区域的全部设施，并于2月1日夜间，在有大风的情况下进行了演习。飞行员为了能够在夜间准确航行，使伞兵能在150米的高度准确地降落在目标区，也进行了专门的训练。

与德军在挪威、荷兰和比利时的空降突击相比，英军对一条供水管道实施一次不足40人参加的突击，看来不会对战争进程起到巨大的作用。因此伞兵们以开玩笑的口吻称这次作战行动为"巨人"，于是联合作战司令部就将

这次行动命名为"巨人行动"。

1941年2月7日，伞兵突击队乘8架"惠特利"轰炸机，从英国的北安格列亚转场到马耳他，在马耳他领取了爆破器材和其他作战物资。

2月10日18时20分，8架轰炸机由马耳他起飞，其中6架飞机载运伞兵，其他两架则装着炸弹，这两架飞机要去轰炸福贾港，目的是转移敌人的注意力。

当飞机进入意大利上空时，月光明亮，天气寒冷。伞兵们打开飞机底舱板上的门，阵阵寒风灌进机舱。他们面对面地蹲在敞开的舱口两侧，做好了跳伞准备。从狭窄的轰炸机机舱地板孔里跳离飞机，是一种需要技巧和胆量的事情。

如果离机用力过大，机外气流会抓住你的身体似的，使你的头部猛撞到与风向相反的一侧舱门上；如果跳离舱门用劲太小，背后的笨重伞包就会挂

二战时期的英军士兵（雕塑）

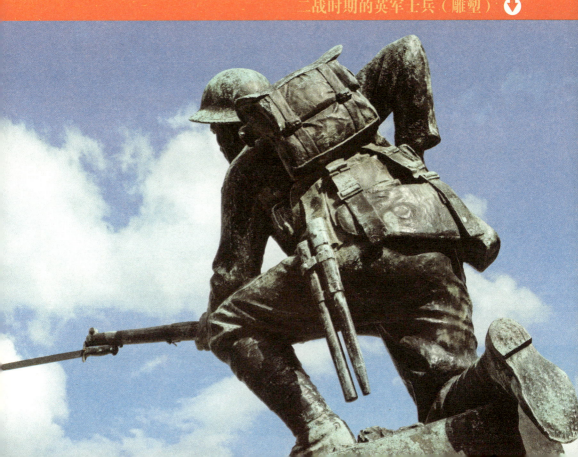

在舱门的边缘上，使你向前磕碰头部。

总之，离机动作稍有不对，极易使头部撞到舱门口。伞兵们诙谐地把这种情况称为"撞钟"。

越过大雪覆盖的皑皑山脉后，飞机上的红灯开始闪烁，这表明5秒钟后就要到达伞降地域。伞兵们紧张起来，第一名伞兵向前滑动。接着绿灯亮了，伞兵们一个接着一个跳出机舱。在大雪覆盖的地面辉映下，伞兵在空中摇摆降落时就可以看到供水管道的影像。

23时，伞兵们准确地降落在距目标不超过1200米的地方。然而，普利查德少校在集合部队时发现丢失了一架非常重要的飞机，戴利上尉和几名主要工兵爆破手，连同装在那架飞机上的许多炸药都无影无踪！

原来，戴利的爆破组乘坐的飞机因机械故障延迟了起飞时间，在赶队途中又迷了航，将爆破组及大量炸药错投在距目标数公里远的一个山谷里，致使他们无法参加爆破。

除爆破组外，其他人员集合后，迅速运动到供水管道的爆破地点。普利查德少校命令皇家工兵少尉帕特森接替了爆破组长的职务。帕特森发现供水管道的支座不是原先预料的砖石砌筑，而是由钢筋混凝土筑成。

由于缺乏炸药，爆破不能按原计划进行，因而他决定利用所带的全部炸药，集中爆破一段供水管和附近的一座小桥。因为这座小桥在修建供水管道时曾被用来输送建筑材料，破坏后意大利人抢修水管时，势必要使用这座小桥。

11日零时30分，帕特森指挥工兵小组堆放好炸药后，同时爆破了供水管和小桥。然后，突击队分成两个组迅速进入山区，向塞列河口方向撤退。

巨大的爆炸声招来了当地的警察和农民，他们开始进行搜捕。那些经过紧张的跳伞和爆破行动的英国伞兵已十分疲乏，此时在陡峭的山路和寒冷的天气中进行越野行军更为吃力。

尽管他们深入了山区，但为避开居民点，不得不从远路迂回。

第二天黎明时，因目标暴露，口才流利、精通意大利语的皮基为当地农

民和警察俘获，当场被击毙。错降在山谷里的爆破组，未找到目标而单独进行活动，几天以后也被俘虏。

英军这一次空降没有完成预定的任务，破坏点不是要害部位，很快被修复，未起到切断意大利几个港口和城镇供水的目的。然而，这是英军的首次空降突击，也是盟军在第二次世界大战中空降作战的开始，它在空降作战发展史上具有重要地位。

这次空降行动隐蔽、突然，未被意大利人发现，是在英国为抵消德国一连串的空降成功，正全力寻求哪怕是小的战术胜利的时候进行的，它向意大利政府显示了英国空降兵的潜在力量，并给意大利政府带来了一次心理上的冲击。

雷霆万钧

苏军的空降作战

　　1941年6月，当德军以"闪电战"突破苏军边境防御后，苏军的许多大型军用仓库未来得及转移就落入德军之手，一些重要的桥梁和交通枢纽未来得及炸毁就被德军占领。在战争爆发一个月后，苏军开始使用空降兵对德军实施突击作战。在历次空降战役中，苏军击毙德军1万多人，摧毁德军大量的武器装备，为夺取最后的胜利作出了巨大贡献。

德军实施"巴巴罗萨"计划

1941年6月22日凌晨4时许，法西斯德国撕毁了《苏德互不侵犯条约》，开始了名为"巴巴罗萨"（红胡子）的战争计划。

德军以190个师、300万人、3700余辆坦克、1800余架飞机、近50000门火炮和迫击炮，分编为三个方面集团军群，在波罗的海到里海的战线上，同时向苏联发起猛烈进攻。

从此，苏联卫国战争开始了，第二次世界大战进入一个新的阶段。

德军以"闪击"战略，首先以航空兵猛烈轰炸苏联的重要城市、铁路交通、通讯枢纽和海空军基地等重要战略目标。然后，以优势的坦克兵团进行猛烈突击，向苏联防御纵深迅速发展进攻。

其北方方面集团军群沿波罗的海沿岸攻取列宁格勒，中央方面集团军群沿明斯克、斯摩棱斯克攻取莫斯科，南方方面集团军群攻取基辅、哈尔科夫和顿巴斯。德国企图在一个半月至两个月之内打败苏联。

当时，苏联对德国的背信弃义、突然进犯估计不足。

战前，苏联驻德武官和驻英使馆都曾获得德国准备进攻苏联的情报，特别是德军入侵前夕，曾有一德国逃兵报告了德军已经接到于6月22日进攻苏联的命令。但这些都未引起苏军最高统帅部的重视，对德军的突然袭击毫无准备，再加上苏军在西部边境部署的兵力与德军相比悬殊，所以，德军很快突破苏军的防线，并取得了制空权和主动权。

经过一场军事历史上最大的持续进攻战役，德军已把罪恶的刺刀直插苏维埃共和国的心脏。

　　1941年11月底，德军的一个侦察营已突入莫斯科近郊，德军士兵已能清楚地看到克里姆林宫的尖顶。苏军连连遭受严重失败，苏联人民陷入战争灾难之中。

　　然而，苏联人民没有被吓倒，苏联军队也没有丧失元气。德国法西斯的背信弃义，激起了苏联人民的无比愤慨，德军在苏联领土上的疯狂屠杀，千百倍地增强了苏联人民消灭法西斯的战斗决心。

　　"崇高的愤怒，像浪潮一样翻滚——人民战争，神圣的战争到处奔腾！"

　　这激奋的战歌，响遍苏联大地，苏联人民万众一心，奋起抗敌。

　　全军将士发出了钢铁誓言："为保卫祖国，消灭法西斯，流尽最后一滴血！"

　　苏联共产党和苏维埃社会主义共和国以极大的凝聚力，把苏联人民紧密

战场上进行肉搏的士兵 ◉

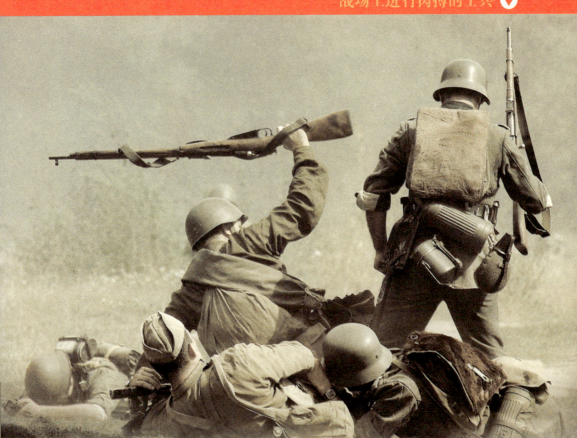

团结起来，形成一股消灭法西斯的革命洪流。苏联人民用自己的心血培养起来的红色伞兵，也满怀对法西斯的仇恨，投入了这场战争。

德军侵苏初期，苏军曾拥有世界上最大的经过长期精心训练的空降兵部队。但是，由于苏军所处战略态势极为不利，许多战线的缺口没有兵力防守，为了保护苏军的整体实力，不得不把这支强大的空降兵部队当做地面部队，用在这些战线的缺口上进行作战，结果被强大的德军所击溃。

这样，牺牲了好几个训练有素的伞兵师和滑翔师，付出了重大的代价。

当时，苏军除伞兵规模比德军大以外，还有几个受过机降训练的步兵师，但是，由于缺乏运输机，也无法将他们运送到急需的战场上去。

后来，苏军曾试图用轰炸机空运伞兵，但由于轰炸机空勤人员都没有受过空降作战的专门训练，再加上轰炸机的机舱容量、机身结构和舱门设计都不适合运载伞兵和实施空降作战，因此难度很大，效率很低。

尽管如此，在战争爆发一个月后，苏军仍连续使用空降兵对德军实施空降突击作战。从此，一朵朵红色伞花开始在反法西斯战场上盛开怒放。

苏军组织
空降作战部队

苏军首次使用空降兵对德军实施空降作战是在1941年7月26日。

当时，德军以"闪电战"突破苏军边境防御后，向纵深进展很快，使苏军许多大型军用仓库未来得及转移就落入德军之手，一些重要的桥梁和交通枢纽未来得及炸毁就被德军占领。

苏军组织的首次空降作战，目的就是对基辅地区被德军占领的军械仓库和交通要道进行一系列破坏。执行这次空降作战任务的，是空降兵第十四旅和第二〇二旅的骨干。他们共300余人，组成10个战斗破坏组，于当天夜间秘密跳伞，首先奔袭主要攻击目标，炸毁了基辅军械仓库。

然后，各组按预定方案对附近地区德军占据的桥梁和交通要道进行破坏，由于执行任务的空降兵原来就驻在这个地区，对当地情况非常熟悉，所以各战斗组都能在较好地完成任务后，顺利返回自己的防区。

1941年8月中旬，德军攻占了赫莫斯季河上的两座桥，后续主力部队企图经过这两座大桥向前推进。

22日深夜，苏军用空降兵一个连在大桥所在的亚尔采沃地区伞降，执行炸毁这两座桥梁的任务。空降场选在一片森林的边缘，离两桥约5公里。

苏军伞兵着陆后没有遇到任何抵抗，连长捷列丰科上尉将全连分成两个行动组，凌晨4时，两组同时向两座桥梁的守军发起进攻。在夜色的掩护下，他们顺利地接近目标，消灭了守桥的德军哨兵，完成了破坏任务。

然后，全连又集中起来，在附近的交通线上开展袭击德军的活动。在当地群众的积极支持下，他们巧妙地打击敌人，坚持战斗45天，于10月上旬返

回自己部队。

在亚尔采沃空降作战以后，苏空降兵又在敖德萨进行了一次配合海军陆战队反突击作战。

从1941年8月初开始，苏军独立滨海集团军和里海舰队，与敖德萨人民一起，展开了敖德萨保卫战。

9月21日，在德军南方集团军群编制内的罗马尼亚第四集团军一部突入敖德萨东郊地区，并用炮兵对港口进行袭击封锁，企图阻止支援敖德萨的苏军在此登陆。

22日，苏军的两个步兵师对推进中的罗马尼亚第四集团军进行联合突击，同时，海军少将戈尔什科夫指挥的战舰运送海军陆战队第三团在格里哥里耶夫卡地区登陆。

正在放哨的德军士兵

为了配合陆海军的联合反突击作战，在反突击开始时，苏军先进行了30分钟的炮火准备。接着以23名空降兵实施伞降。伞降地域是德军预备队向登陆地带行进时必经的道路枢纽。伞兵着陆后，立即对预定的交通枢纽进行破坏，并袭击了德军一个营的指挥所。

由于伞兵分散着陆，散布面积很大，造成大部队空降的假象，德军一时惊慌失措。经过苏军陆、海、空三军的联合突击，德军被击退5公里至8公里。苏海军陆战队也顺利登陆，德军攻占敖德萨的企图失败。

接着，在10月3日和4日，苏

军又在奥廖尔实施了一次较大规模的空降作战。

1941年9月30日，德军向奥廖尔地区投入了主力军团。先头部队进到奥廖尔，并沿奥廖尔–图拉公路向前推进，对莫斯科构成严重威胁。苏军为了组织新的坚强防御，迟滞德军进攻，迅速在姆岭斯克地区集结部队，组建了步兵第一军。

同时，决定将空降兵第五军紧急空运至奥廖尔，任务是在步兵第一军未完成防御准备前，将德军坦克部队阻截在奥廖尔和姆岭斯克之间。为了配合空降兵作战，苏军还以一个坦克旅用最快速度向奥廖尔开进。

10月3日5时40分，空降兵第五军接到出击命令。参战兵力有第五军所属的第十空降旅和第二〇一空降旅，共600余人，80架运输机担任空运任务，空运距离500公里，由军长格尔杰夫少将组织指挥。

6时30分，空运二〇一旅的飞机开始起飞，两小时后飞至奥廖尔机场上空时，遭到德军猛烈炮击，空降兵冒着炮火空降着陆，紧急驰援正在奥廖尔西北部与德军正面作战的地面部队。

正当第五军主力在奥廖尔机场实施空降时，第二〇一旅第三营也在奥廖尔东北8公里的奥图哈机场空降，着陆后，他们迅速破坏了通向奥廖尔和姆岭斯克的公路。

10月4日，空降兵第五军各作战部队全部空降完毕，第二天，从地面快速开进的一个坦克旅也按预定方案到达第五军的作战区域。此后，这两支部队密切协同，在奥廖尔和姆岭斯克之间的40多公里的区域内进行机动防御作战。经过10昼夜的持续战斗，有效地阻止了德军，为步兵第一军组织防御赢得了时间，为莫斯科保卫战的胜利做出了贡献。

苏联军民经过近半年的浴血奋战，狠狠打击了法西斯的嚣张气焰，稳住了战场态势。

1942年2月5日拂晓，苏军加里宁方面军的左翼部队对德军实施了突击。6日凌晨，苏军西方面军的突击集群和西南方面军的右翼突击集群，在航空兵的协同下，转入了对德军的反攻。从此，卫国战争进入了局部反攻阶段。在

这个阶段里，苏军多次组织实施了空降作战。

1941年12月初，在苏军首次对包围莫斯科之德军实施反击时，苏军第三十集团军和第一集团军将德军坦克第三、第四集群的一部分围困在克林地区，德军处境十分困难，拼命向沃洛科拉姆斯方向撤退，企图在拉马河、鲁扎河沿岸组织起新的防御。

为了破坏和阻塞德军撤退，苏军空降兵第二一四旅的一个营415人，于12月14日夜间在克林地区伞降。伞兵着陆后，在营长斯塔尔恰上尉的指挥下，持续战斗19个昼夜，破坏了29座桥梁，袭击了德军撤退中的行军纵队，切断了由克林至沃洛科拉姆斯、沃洛科拉姆斯克至洛托希洛及克林等3条公路，破坏了沙霍斯卡亚至新彼得罗夫斯卡亚的铁路线，击毁敌汽车10余辆，击毙德军700余人，阻滞了撤退中的德军坦克部队。完成任务后，空降兵与地面作战部队会合。

1941年11月中旬，德军占领了刻赤半岛。苏军进入局部反攻后，为夺回刻赤半岛，歼灭费奥多西亚地区的德军集团，决定于1941年12月5日至1942年1月2日进行刻赤-费奥多西亚登陆作战。

战场上的苏军士兵

在这一战役中，苏军以空降兵第二军的一个营450人进行空降作战，原定任务是夺取刻赤西面的桥头阵地，掩护登陆部队登陆。后因登陆部队的船只在亚速海被坚冰所阻，空降兵的任务改为在阿拉巴特峰的腰部伞降，切断德军在阿拉巴特地区的所有通道，协同苏第四十四集团军歼灭费奥多西亚地区的德军。

空降前一周，苏军先在刻赤半岛空降了数个带电台的侦察组，及时而全面地收集、汇报了该岛的敌情和地形资料，并为空降着陆做好了准备。

1941年12月31日深夜，由苏军空降兵司令部直接指挥的几十架满载着苏军空降兵的飞机，在克拉斯诺达尔机场起飞，顺利到达空降地域，实施了空降。

伞兵着陆后，很快夺取了附近的德军炮兵阵地，并在交通线上派出若干破坏组，袭击德军的交通枢纽和指挥所。由于空降兵在该岛的活动面积很大，德军误认为是大规模空降，引起了惊恐和混乱，后方工作也一度陷入瘫痪，从而保证了第四十四集团军的登陆。

1942年刚一开始，苏军又进行了一次空降作战。1月初，苏军西方面军向西发动进攻，前出到纳曼弗明斯克、卡卢加和别列夫一线。

为了破坏德军的物资补给和阻滞德军的增援，乘胜围歼位于维亚兹马地区的德军第四装甲集团军，苏军决定以苏第二十三集团军从维亚兹马西南实施正面进攻，第十集团军实施两翼包围，同时派空降兵在德军第四装甲集团军防御区域内实施空降，夺取该机场和附近的米亚特列沃火车站，切断德军交通线，从其防线内部实施突击，配合正面部队围歼敌人。

原计划首先由苏伞兵第一支队202人组成伞兵先遣队，在机场实施伞降，夺取该机场，并做好迎接机降准备。

同时，由空降兵第二〇一旅一营，约300余人，在美登西北12公里至15公里的古谢沃、布尔都科沃和萨科沃等地实施伞降，直插尤赫诺夫-美登公路，破坏爱沙尼亚河上的桥梁。

然后，步兵第二〇五团约1300人，在机场机降，夺取米亚特沃车站，切断德军交通，从内部打击德军，配合正面部队进攻。计划用21架运输机，从费努科沃机场起飞，用4个航程完成全部空运任务。

1942年1月3日夜，空降行动开始前，计划有所改变。由伞兵第一支队组成的先遣队和伞兵一营都同时在机场伞降，共空投了416人，按突击队、保障队、预备队和场地组的顺序伞降着陆。

着陆后，当天只集合起15％的伞兵，由于德军拼死抵抗，直至第二天晚上才占领该机场。

但机场上积雪太厚，飞机不能着陆。伞兵们只好一面抗击德军的疯狂反扑，一面连夜抓紧时间清除跑道上的积雪。

至第三天凌晨，当伞兵们完成迎接机降各项准备工作时，暴风雪突然来临，步兵第二〇五团的机降被迫取消。

空降着陆的伞兵就在德占区内独立地进行游击战，他们破坏了米亚特列沃火车站，偷袭了两列运载坦克和技术兵器的列车，切断了通向卢卡加的交通线，并俘获了一支拥有100余辆马车的运输队。

1月19日，他们与正面进攻的部队会合。

在空降作战以后，苏西方面军已从南北两个方面包围了尤赫诺夫地区的德军第四装甲集团军，为切断其所占据的维亚兹马-尤赫诺夫之间的交通要道，割断其主要补给线，配合正面部队一举歼灭，苏军决定在热拉尼亚地区进行一次空降。

参战部队是空降兵第二〇一旅第二、三营和步兵第二五〇团。空降地域选在维亚兹马西南40公里处一个纵深为40公里至50公里的地带。计划首先由空降兵的两个营实施伞降，夺取并守住兹纳缅卡机场，作好迎接机降准备。

然后，步兵二五〇团机降，由民航总局21架客机进行空运，飞机在起飞

前临时装备了一些自卫武器。另由第二十三轰炸师的轰炸机空投反坦克炮和其他作战物资。

1月18日凌晨3时35分，16架运输机满载着第二〇一旅两个营的空降兵在费努科沃机场起飞，至上午9时止，共伞降了452人。他们着陆后很快与当地游击队取得联系，并立即向兹纳缅卡机场发起进攻，但由于遇到德军的有力抵抗，未能夺取机场。

第二批4架载有指挥组和机场勤务人员的飞机临空后被迫改变计划，于17时改在游击队控制的另一个机场机降。

着陆后，由于天色已晚，再加上跑道积雪太厚、飞机不能起飞返航。

第二天，德军向该机场发起猛烈攻击，击毁了所有飞机，并夺取了机场。

1月20日，空降兵在当地游击队的大力支持下，很快又在普列斯涅沃西北开辟了一个简易机场，并及时报告了空降兵司令部。

当天夜间，步兵第二五〇团开始在该机场机降，由于运输机太少，机降过程一直持续了3个夜晚，机降了1643人。由于德军的攻击，损失了3架飞机，伤亡30余人。

德军发现苏军空降后，21日调遣4个步兵连抢占了乌格腊河上的铁路大桥。空降兵在地方游击队的支持和配合下，包围了这支部队和大桥，消灭了守桥之敌，占领了大桥，同时还切断了德军后方从尤赫诺夫到维亚兹马的公路运输。

他们在敌占区坚持战斗12昼夜。30日，苏军近卫骑兵第一军突破德军在尤赫诺夫以西的防线，进入该地区与空降兵会合。

舍生忘死的
维亚兹马战斗

接着，苏军在维亚兹马进行了首次大规模的空降战役。

1942年1月中旬前，苏军已经从北面和东南面完成了对德军中央集团军群的纵深包围，但未能攻占德军在尤赫诺夫和维亚兹马之间坚固的抵抗枢纽部。这些枢纽部不仅钳制着苏联西方面军中路集团军的进攻，而且还严重阻滞着苏联第三集团军和骑兵第一军向维亚兹马的进攻。

苏军为了消除这些抵抗枢纽部，歼灭该区域内的德中央集团军群，决定加里宁方面军骑兵第一军南下，西方面军的近卫骑兵第一军北上，第三十三集团军从东南向维亚兹马进攻；同时，空降兵第四军于维亚兹马以西地区实施空降作战。

这是一次极其艰难的空降战役，原计划空降从1月21日开始，但由于运输途中铁路被德军破坏，空降兵未及时到达集结地域，开始时间不得不推迟至1月27日。

整个战役分两个阶段进行。

第一阶段是从1月27日至2月1日，在奥泽列奇尼地区的空降作战。参战部队是空降兵第四军军部及所辖的第八旅、第九旅和第二一四旅，由空降兵司令员格拉祖诺夫少将直接指挥。

由40架民航客机和25架轰炸机承担空运，另有30架战斗机掩护空降兵出发地域，72架战斗机掩护空降，指挥所设在卡卢加，出发机场是卡卢加附近的格拉布采沃、扎什科沃和勒扎韦3个野战机场，空运距离为180公里至200公里。

1月24日，西方面军司令员朱可夫向空降兵第四军军长列瓦绍夫下达了

作战命令。

26日，军长列瓦绍夫向所属3个旅下达了实施空降作战任务：第八旅第二营作为军的先遣队，于27日在奥泽列奇尼区空降，夺取空降场，保障主力空降；

第八旅其余部队都于27日夜间跟进第二营空降，占领并扼守格拉金、别列兹尼基地区，切断德军退路；

第九旅在第八旅之后于格里亚依诺沃地区空降，控制公路，阻断德军增援；

第二军军部和所配属的独立坦克营、炮兵营为预备队，在维尔茨科耶地区空降。

同时命令：在空降开始时，首先于维亚兹马、瓦基津卡和耶尔尼亚地区空降7个破坏群，每群二三十人，实施对敌侦察、破坏活动。

1942年1月27日黄昏，空降战役开始时，原计划实施空运的65架运输机，只到了61架，掩护空降出发地的30架战斗机只到了19架，掩护空降的72架战斗机一架也未到。

27日16时，首先在德军预备队行动路线上空投了7个侦察破坏战斗组。同时，空降兵第八旅第二营638人也登机起飞。

由于飞行员没有判定好方位，结果把第二营错投在预定目标以南20公里的塔博雷地区。空降时因遇到德军高射炮的猛烈射击，伞降分布地域过大，其半径达到20公里至25公里，直至28日晨，才集合起476人。

同时空降下的作战物资，如弹药、食品、滑雪工具等，大部分都未找到。

更为严重的是，第二营着陆后，因电台损坏，与旅司令部失去了联系。在这种情况下，营长为完成先遣队的作战任务，除留少部分人在当地活动外，带领全营主力，前往预定的空降地域，占领空降机场，迎接旅主力空降。

28日晚，第二营到达预定的奥泽列奇尼亚地区，但该地机场已被德军占领。当夜，第二营就向机场守军发起攻击，并夺取了机场，随之便点起迎接主力空降的篝火，设置对空联络信号。

但由于电台没有修好，通信联络中断，一直未见苏军飞机临空。

二战中的苏军士兵

第八旅在得不到第二营空降报告的情况下，按原计划，于当日夜间，实施第二批空降。

这次空降和第二营一样，不仅未空投到预定地域，伞降分布也很大，随部队空投的作战物资全部散失，而且，部队空降后也因电台损坏，与旅司令部失去了联系。

由于旅司令部找不到空降后的部队，而且与军司令部也失去了联系，军司令部曾两次派联络军官到旅司令部了解情况。

29日，军司令部又派侦察处副处长何克先诺夫上尉乘飞机前往空降地域了解情况，飞机在寻找部队的过程中因油料耗尽，被迫降落在沃朗佐沃村附近。着陆后，他没有找到各营指挥员，但集合起该地区的213名伞兵，组织他们攻占了沃朗佐沃村，歼灭了数名德军。

随后，他们又攻占了附近的博尔迪列沃村和莫洛佐沃村。当时，旅司令部虽然还未与空降部队取得联系，但为了完成预定作战任务，29日晚又在原空降地域伞降了540人，30日白天伞降了120人。30日夜，空降兵第八旅旅长、政委亲自带领215人空降，并带去了电台。

31日，旅长沟通了与各营的联络，并向军司令部报告了空降作战情况。随后，又在该地区空降了389人。

至1942年2月1日止，历时6昼夜，第八旅共空降了2500人及许多作战物资。然而，最后集合起来的只有1320人，空投的作战物资大都丢失。

这次空降战役开始后，德军侦察飞机很快发现了苏军的空降出发机场。从28日起，就连续多批次使用轰炸机和歼击机，对出发机场进行轮番轰炸和扫射，使苏军的3个出发机场有两个被严重破坏而不能使用。运输飞机也受了很大损失，最后只保留下12架。

2月初，维亚兹马地区的作战形势发生了变化，德军的防御有所加强，苏军的正面进攻受挫。根据当时的战场态势，空降兵第四军只好暂时停止空降。这一战役的第一阶段就此结束。

第二阶段是2月18日至24日，在尤赫诺夫的空降作战。参战部队有空降

兵第四军军部及所属的第二一四旅、第九旅和第八旅第四营。空降地域选在尤赫诺夫以西的热拉尼耶游击队活动区。此次空降的任务是：

从敌后突破德军防御，前出到尤赫诺夫西南25公里至30公里的公路附近，与正面进攻到那里的苏第五十集团军会合，然后合击德军后方，以协助西方面军主力歼灭尤赫诺夫地区的德军集团。

参战飞机有54架，空运距离250公里。由于飞机数量不足，计划用3个夜间完成空降，每架飞机每夜出动两次。

2月17日夜，首批20架飞机在莫斯科附近的柳别尔齐机场飞向夜空，将作为先遣队的第八旅第四营投向预定空降目标。但是，由于飞行员经验不足，其中19架飞机因为未找到空降场而返回，只剩一架飞机还把伞兵投错了地方，伞兵空降后便杳无音信。

接着，从18日至21日，第九旅和第二一四旅实施空降，至22日第四军军部完成空降后，整个空降结束。在空运过程中，第四军军长列瓦绍夫少将乘坐的飞机遭德军飞机袭击，军长中弹牺牲。此后，该军由参谋长赞金上校指挥。这次空降，经过6个昼夜，出动飞机612架次，空降7373人，至24日才集合起一半的人员，空投作战物资1500余件，几乎全部散失。

造成这种结果的原因，首先是跳伞高度过高。为了减少德军地面火力对飞机的威胁，跳伞高度由原定的600米提高至1200米。其次是地空联络信号选择不当。苏军确定空降和空投的地面信号都是点燃篝火。由于当时天气很冷，苏军游击队和德军到处点火取暖，后来德军还特意到处点火，以迷惑苏军航空兵。因此，篝火遍布战场，使运输机很难找到空降场。

1942年2月25日，空降后汇集起来的部队开始执行预定的战斗任务，向南发动进攻。但由于当时天寒地冻，气候十分恶劣，地面行动相当困难，加之德军又在空降兵预定的前进道路上占领阵地，步步阻击，部队进展很慢。

27日，由于缺少弹药，又遇德军猛烈反击，他们被迫停止进攻，转入防御。这时，正在正面进攻该地德军的苏第五十集团军也因作战失利，未能按预定计划进与空降兵会合。根据战场情况变化，上级命令他们改变计划，在当地与游击队结合，进行游击战。

3月14日，他们接到方面军指示，对开进中的一支德军进行伏击，由于敌强我弱，兵力过于悬殊，未能完成作战任务。

维亚兹马空降战役是苏军第一次大规模空降作战。由于当时的困难局势，运输机严重不足，空降保障不力，组织指挥缺乏经验，空降兵与航空兵、空降兵与地面部队、航空兵与地面部队协调不好等多方面原因，致使战役失利。战役结束后，空降兵司令员格拉祖诺夫少将被解除职务，改任步兵兵团指挥员。

尽管如此，在空降战役中，空降兵第四军在德军防线内部持续战斗近6个月，击毙德军10000多人，摧毁德军大量的武器装备，在很大程度上破坏了德军的交通补给线，扰乱了德占领区域内的军事活动，其贡献是不可抹杀的。

同时，红色伞兵在极度困难的条件下，舍生忘死，不惜一切代价，积极主动，独立作战，奋勇杀敌，他们这种顽强意志和英勇无畏的精神也永远值得后人学习。

红色伞兵创造的
英雄业绩

在维亚兹马空降战役进行过程中，苏军还在尔热夫地区为支援被围困的第二十九集团军突围，进行了一次空降作战。

1942年2月，在西方面军第三十三集团军被德军包围的同时，加里宁方面军第二十九集团军司令部及部分部队也在尔热夫地区被德军包围。方面军决定，将空降兵第二〇四旅的一个营空降到尔热夫地区，支持第二十九集团军的突围战斗。

2月16日夜，运送空降兵的飞机分两批在莫斯科附近的柳别尔齐机场起飞，采用单机跟进、梯次进入、围绕空降场上空作圆圈飞行的方法，在300米低空伞降了312人。另有38人未在预定地区降落，还有75人因所乘飞机没有找到空降场无功而返。

当时，被德军包围的苏第二十九集团军所扼守的东西长8公里、南北宽7公里的地域，全部处于德军炮火的威胁之下。空降时，其中一个伞兵群正好降落在德军的一个炮兵阵地上。他们着陆后，立即攻占了这个炮兵阵地和附近的德军支撑点。与此同时，德军也有一个连攻入第二十九集团军司令部防守地域，双方展开了激战。空降兵着陆后，立即投入歼灭这股敌人的战斗。

17日晚，全营集合起166人，第二十九集团军开始突围，空降兵担负后方和两翼掩护。21日夜，被围苏军全部突出德军包围。

尔热夫空降作战以后，苏军在局部反攻阶段还进行过两次空降作战。一次是抢占洛云河渡口的小规模空降突击。

1942年4月，苏军西北方面军为加速第三、四集团军的展开和推进，4月

9日，在洛云河畔伞降了200人。

空降兵着陆后，迅速占领了洛云河渡口，并控制了通向渡口的交通枢纽。在地面部队到达之前，他们出色地完成了预定任务，做好了保障部队渡河的各项准备工作。第二天，第四集团军先头部队抵达空降地域，迅速通过渡口，向前推进。

另一次是在高加索北部袭击迈科普机场的空降作战。1942年7月，德军开始向高加索进攻，7月25日至1943年1月2日，苏军进行了顽强的防御作战。在此期间，苏军在运动防御中，曾采用多种方式打击和削弱德军，以改变力量对比，为反攻创造条件。其中，用空降小分队袭击迈科普机场，就是削弱德空军的一个举措。

1942年10月，苏军从海军航空兵抽调了40人，组成了一个空降兵小分队，执行这次空降袭击任务。小分队分为破坏、掩护和指挥3个小组，各组根据自己的任务配备相应武器装备，并进行专门训练。

另有两名当地的游击队员，也参加小分队的训练和作战，以便在完成任务后，将小分队带入游击队所在地。在小分队组建和训练过程中，黑海舰队战地司令部还组织了对迈科普机场的空中侦察，获取了机场停放飞机数量、机型、警卫及每天变化等多方面情报。

10月23日深夜，空降行动开始，苏军轰炸机编队穿过云层向迈科普机场飞去。前面轰炸机的任务是压制德军地面火力和摧毁其探照灯，轰炸迈科普车站，吸引和牵制德军火力，封锁德军向机场的增援。但他们没有完成这项任务。当后面满载执行空降作战任务伞兵的4架轰炸机飞临机场上空时，遇到德军地面炮火的凶猛射击，有两架飞机相继偏离编队，剩下两架飞机在炮火中伞降了20人。

他们着陆后，没有集合，就各自执行自己的作战任务。经过40分钟的激战，将德机场上的54架飞机击毁22架、击伤20架，并击伤、击毙了一些德军。待德军增援部队赶到时，小分队因人员伤亡过半，已经主动撤出战斗，转入到游击队活动区。

129

雷霆万钧

诺曼底空降大战

1944年6月6日，美军两个空降师和英军一个空降师分别编成突击、后续和海运3个梯队，在法国北部夺取战略性登陆场，为开辟欧洲第二战场、最终击败德国创造了条件。此次空降作战，盟国共使用运输机2400余架，滑翔机约1130架，空降约3.5万余人。这次空降作战破坏了德军防御的稳定性，牵制了德军预备队的机动，为登陆的胜利创造了条件。

盟军巧施妙计
迷惑德军

诺曼底登陆战役代号为"霸王行动"，是第二次世界大战中一次战略性的登陆行动。

战役从1944年6月6日起，至7月24日止，投入的兵力为4个集团军，共39个师、12个独立旅，以及大量海、空军部队，共计287.6万人，由盟军总司令艾森豪威尔上将指挥。

战役计划是：

由美第一集团军、英第二集团军、加拿大第一集团军以及3个空降兵师，组成第二十一集团军群，横渡拉芒什海峡，在诺曼底的奥恩河口至奎纳维尔之间约100公里的正面登陆。美第三集团军为战役预备队。

空降兵的任务是：

在登陆地区的两侧距海岸10公里至15公里的纵深地域空降，阻止敌预备队开进，从侧后攻击敌海岸防御阵地，配合海上登陆部队夺取最初目标，而后向内地推进。

由于各种原因，第一天的登陆部队只限于6个步兵师；在步兵师建立可供坦克展开的登陆场后，装甲师才可海运登陆。在装甲师未驻防前，如果德军

坦克部队突破了空降兵的防御，即使兵力不大，也会给登陆部队带来灾难，因此，空降兵的行动对保障战役的顺利实施至关重要。

参加空降作战的部队为美军第八十二空降师、第一零一空降师、英军第六空降师。这是当时美、英军所具有的全部空降部队。由美军第九运输机指挥部及英军两个运输机大队担任空中输送任务，英国南部的15个机场为出发机场，空降距离200公里至250公里。

各空降师均编成突击、后续、海运3个梯队。伞兵团组成突击梯队，于登陆前四五小时伞降；滑翔机步兵团组成后续梯队，于登陆当天的黄昏机降；海运梯队包括坦克、推土机、卡车及其他重型装备，在登陆场巩固后海运上岸。

计划登陆部队1944年6月6日6时30分和7时30分开始登陆，空降兵突击梯队6月6日1时开始空降。

空降地域是德军第七集团军第八十四军的防区。空降地域的地形有利于

美国部队挤在冲向犹他海滩的登陆艇上 ❤

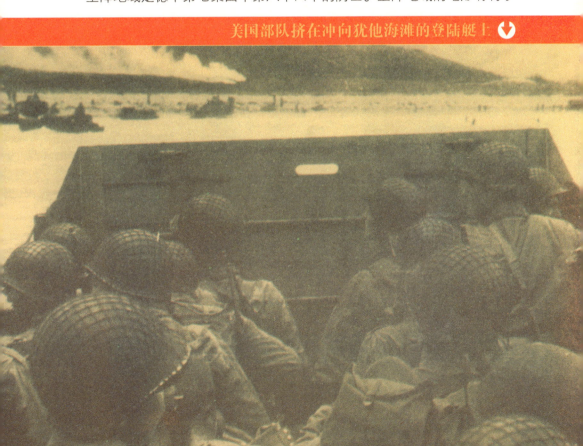

防守，而不适合机动作战。那里地势平坦，浅水海滩的后面为沙丘，沙丘后面为沼泽地，只有4条堤道可以通行。

空降前3小时，美、英军进行了一次直接航空火力准备，出动轰炸机4500架次，投弹10000余枚。

与此同时，采取了一系列迷惑德军的措施。

如在加来地区实施大规模的轰炸，投弹量为诺曼底地区的两倍；用18艘军舰，拖着空中拦阻气球，以每小时7海里的速度向加来方向运动，造成德军雷达荧光屏上出现大量舰队的信号；向加来方向出动一个夜航轰炸机中队，并逐渐接近加来海岸；以轰炸机群在康坦丁半岛南端和叶夫多特地区上空投撒锡箔片，造成德雷达荧光屏上出现机群的信号。

空降开始，以24架飞机在英吉利海峡上空实施电子干扰，在德防御纵深的广大地域投放200多具假伞兵，由8名士兵操纵音响模拟器，造成到处都有空降的假象。

1944年6月5日22时，盟军派出26架运输机，每架运载一个13人的空降引导组，于6日零时16分在预定空降地域伞降，以标志空降场。这26个引导组，除两个组被德军歼灭，一个组未投到预定地域外，都按要求设置了引导信标。

美军突击队员
空降成功

1944年6月5日23时，3个空降师的突击梯队开始起飞，共24个伞兵营，17210人，分乘1052架Ｃ—47运输机。

为了避免受到自己部队的袭击，每架飞机的尾部都涂有3道很宽的白杠，作为识别标志。执行任务的飞机分为若干个飞行梯队，每个梯队为36至45架飞机，各飞行梯队之间有6分钟的间隔。

每个梯队又编45个小队，每小队9架飞机成密集的3机"品"字队形，航线飞行高度为1500至1800米。

航行中遇到低云、浓雾和大风，编队偏离了航线，队形混乱。加上德军高射火器的射击，跳伞高度由计划的150米改为500米至600米，时速由180公里改为330公里。

空降从6月6日1时开始，至2时40分结束。由于跳伞高度和飞行速度增大，同时地面风速每秒10至15米，因此，着陆很分散，但基本上降落在预定地域。

第八十二师突击梯队由伞兵第五〇五、五〇七、五〇八团及加强分队组成，共6400人。由师长李奇微少将指挥，使用运输机369架、滑翔机52架，计划在圣曼伊格里斯以西的梅特勒河两岸空降。

任务是攻占交通要点圣曼伊格里斯，控制拉菲埃尔、薛夫杜邦之间的梅特勒河桥梁和渡口，保障美第七军通过梅特勒河，尔后在该军左翼发展进攻，向科康坦半岛逼近。

第五零五团计划在梅特勒河东岸空降，任务是夺取圣曼伊格里斯、诺维

尔奥普兰、拉菲埃尔。

　　第一营的任务是夺取拉菲埃尔，由于飞机偏离了目标，空降散布又大，着陆后只收拢了少数人。在向目标前进途中，与德军遭遇，营长和代理营长先后阵亡，没有完成预定任务。

　　第二营在预定地域着陆，任务是夺取诺维尔奥普兰，并封锁北面道路。集合了一半人，营长被打断了踝骨，由士兵用农家小车推着参加战斗，凌晨4

↑ 一位美国空降军官在登陆前夕登上空降飞机

时完成了进攻准备。

由于着陆后没有得到第三营的消息，团长命令第二营改变任务，接替第三营夺取圣曼伊格里斯。第二营留下42人监视诺维尔奥普兰之敌，其余人员向南进攻。

留在诺维尔奥普兰的伞兵，挫败了德军反击，坚守了8小时，其他人员支援了第三营战斗。

第三营在预定地域着陆后，集合了180人，在法国向导的带引下，利用黑夜，以偷袭手段夺取了圣曼伊格里斯，但未及时向团报告。

德军撤出圣曼伊格里斯后，组织了反击。第三营在城外进行防御，正当情况紧急时，第二营赶到，共同击退了德军，控制了这一交通要点。战斗中，第三营营长两次负伤。

第五〇七、五〇八团计划在梅特勒河以西、杜佛河以北的三角地带空降。因为引导组被德军歼灭，没有标志空降场，空降兵大部分错降在梅特勒河两岸的沼泽地里。直至上午，两个团只集合500余人。

第五〇七团的任务是向西北方向发起进攻，夺取勃凡斯，封锁从西北通向梅特勒河的道路。

第一营集合了100人，进攻拉菲埃尔。

第二营集合了50余人，在进攻时受挫，被迫就地组织防御。

第三营由于降落分散而未集合起来。

中午，全团在拉菲埃尔附近集合了3个连的兵力，企图夺取梅特勒河上的桥梁，向西进入自己的战斗地域。经两个小时战斗，一个连过河与第二营部分人员会合，两个连仍被阻于河的东岸。全团在3天后才集合起来，团长在第二天被俘。

第五零八团的任务是向西南方向发展进攻，夺取邦拉佩，控制杜佛河上的渡口。第一、二营大部误降在波考维尔西北的一个坚固设防地区。一营营长阵亡，代理营长集合了少数士兵，与二营集合的少数人，扼守了薛夫杜邦渡口。第三营为师的预备队，在预定空降场南1600米处着陆，全营未集合起来。

6日2时，空降第八十二师后续梯队220人及装备起飞，共使用52架滑翔机，由于云厚和德军高射火器射击，只有一半人在预定地域着陆。下午，又有1174人及装备起飞，使用滑翔机176架。由于着陆场被德军占领，改在其他地域降落，未完成预定任务。

至6日日落，第八十二师共集合了2000余人，占领了圣曼伊格里斯，但没有完成师的全部任务。

7日17时，登陆部队进至该师活动地域，从此作为地面部队参加作战，至7月8日撤离战场。

美第一〇一空降师的突击梯队由第五〇一、五〇二、五〇六团及加强分队组成，共6500人，由师长泰勒少将指挥，使用运输机432架，计划在卡朗坦以北地区空降，夺取从犹他海滩开始的4条通路，控制杜佛河上的桥梁和渡口，尔后通过卡朗坦向南发展进攻。

由于着陆分散，全师散布在广阔地域。

第五〇一团一、二营的任务是占领卡朗坦附近杜佛河上的桥梁，阻止德军预备队向登陆场开进。由于着陆在德军反空降地域附近，遭受很大伤亡。一营营长阵亡，代理营长受伤后被俘，各连连长都失踪。

拂晓前，团长集合了该营150人，占领了卡朗坦水闸。后又收集了一部分人，企图向西进攻，夺取杜佛河上的桥梁。前进中被德军拦阻，被迫就地组织防御。

第二营集合了大部人员，由于德军反击，无力向卡朗坦桥梁进攻，进到卡朗坦水闸与一营合在一起。

第三营为师预备队，最初任务是为滑翔机机降场设置标志和担任警戒，着陆后，师长根据当时情况，改变了计划，命令该营开往波佩维尔的海滩第1号出口，以完成师的主要任务。该营8时击退了德军反击，占领了预定目标，并与登陆先遣部队会合。

第五零二团的任务是歼灭在瓦雷维尔的一个德军炮兵连，并掩护登陆场的北翼。全团散布很大，并与其他部队混杂在一起，团长着陆时腿部骨折。

第一营在圣杰门特伐拉维尔附近着陆，集合了少数人向瓦雷维尔进攻，，下午占领了瓦雷维尔。

第二营在第一天人员未集合起来。

第三营在圣曼伊格里斯东侧着陆，与错降在该地的其他人员共70人向圣马丁特伐拉维尔方向进攻，未遇德军抵抗，于6日7时30分控制了第3、第4号出口，13时与登陆部队会合。

配属该团的6门火炮只有一门可用，集合了炮手当步兵使用。

第五零六团一、二营的任务是攻占1、2号通路。空降时81架运输机只有10架将人员空投在预定地域，其余偏离目标很远，最远的达32公里。

一营营长只集合50人，进到1号通路时，通路已被占领，遂返回团指挥所。第二营错降在第五零二团的地域内，集合了200人，因电台丢失，与团失去联系，下午，前出到霍登维尔，夺取了2号出口。

第五零六团第三营单独在最南端空降，任务是扼守或炸毁勒波特的两座桥梁，向南实施警戒。其预定的空降场地形平坦，德军预料盟军将会在此处空降，进行了反空降准备。如在农村小房上浇了汽油，一旦点着，在夜间可将整个地域照亮。四周部署了步枪手，并有机枪和迫击炮支援。

第三营大部落在空降场外，降落在空降场内的人员，包括营长在内，一着陆就被德军消灭。开始全营失去指挥，没有集合起来。一名作战参谋从一架迷航的飞机上跳伞，错降在该营空降地域，前后收集了540人，进到勒波特，占领了该地的两座桥梁。

师的后续梯队第一批150人及防坦克炮，乘52架滑翔机于6日1时19分起飞，4时在预定地域着陆。第二批157人及补给品，乘32架滑翔机着陆。着落场内有德军设置的反空降木桩，滑翔机受到很大损坏。

6日日落，空降兵第一零一师共集合2500余人，攻占了海滩通路，并于登陆部队第七军的先头部队会合，基本上完成了预定任务。

英空降兵
完成预定任务

　　英军第六空降师的突击梯队由第三、五旅组成，共4310人，由师长盖尔少将指挥，使用运输机237架，计划在冈城东北空降。任务是夺取奥恩河、卡昂运河上的两座桥梁和渡口，切断德军预备队向海岸开进的道路，以及摧毁在默维尔设有坚固筑垒的一个炮兵连，支援英第一军登陆。基本上空降在预定地域。

　　第三旅的任务是夺取默维尔炮兵连阵地和杜佛河上的桥梁，以及11公里侧翼上的交叉路口，旅下辖第八、第九营及加拿大第一营。

　　第九营任务是攻占一个炮兵连阵地。该炮兵连有4门75毫米加农炮，如不能一举将其摧毁，第六师各空降场及步兵第三师登陆场将会受到严重威胁。

　　第九营计划将滑翔机直接降落在炮兵阵地上，另一部分人在炮兵阵地附近伞降，炸毁这一地域的防御设施。

　　飞机在飞越海岸时，遭到德军猛烈的高炮射击，飞行员为躲避炮火，偏离了航线，结果全营降落在远离空降场的地方。营长降落在德军一个营司令部的后面，他集合起150人，在接近炮兵阵地时，有两架滑翔机在他们附近降落，力量得到增强，当即发起进攻，4时45分将炮兵连阵地摧毁。

　　第八营和加拿大第一营任务是占领迪夫桥和设置路障，基本完成任务。

　　第五旅的任务是夺取奥恩河桥梁及其附近的交叉路口，其中最重要的是奥恩河及卡昂运河上的两座桥梁。首先由6个排负责突击，乘6架滑翔机直接在目标附近着陆，半小时内，第五旅一营在桥东900米处空降，支援该突击分队。

　　6架滑翔机在距桥360米处着陆，完整地夺取了这两座桥梁，只伤两人，亡14人。第五旅一营在两座桥的东面构筑了防御阵地，打退了德军反击。

　　师后续梯队第一批在拂晓前开始空降，98架滑翔机，载运493人及装备物资。由于风大，20架拖绳折断，未着陆在预定地域，其他着陆时发生事故的也很多。

　　第二批在黄昏时空降，256架滑翔机有246架着陆在预定地域。午夜进行了第三批空降，50架滑翔机，由于遭到德军舰炮射击，只有20％的补给品送到部队手中。以后又进行了4次小规模的补给，都比较成功。

　　英空降第六师着陆后只遇到德军轻微抵抗，完成了预定作战任务。当天下午，与英第二集团军会合，并转求该集团军，担任先遣支队，于8日进至塞纳河，尔后撤出战场。

　　战斗中伤亡人数，美空降兵第八十二师占65％，第一零一师占20％，英空降兵第六师占20％。运输机被击落42架，击伤510架。

　　诺曼底空降作战，是盟军第一次使用数个师进行的大规模空降作战，当时对于如何正确使用空降兵，在盟军高层领导中有着不同的意见。

　　盟军总司令艾森豪威尔主张，使用强大空降部队于决定意义的各点，以配合海上登陆和夺取最初目标。

一架着陆后的美国韦科滑翔机，其机尾已经和机体分离

　　美国陆军航空队司令官阿诺德主张，在法国的纵深空降，夺取通往巴黎的沿途目标。美国陆军参谋长马歇尔支持这一意见，他倾向用4个空降师对法国的阿勒实施突击，夺取4个机场，建立起一个巨大的足以切断德军战略机动的空降地区，而后增加机降部队，进攻德军的交通线。

　　有的则主张把空降部队分散降落在整个海岸地区，用以小规模袭击和骚扰。也有的反对进行这样大规模的空降作战。如盟军英军司令、英国空军上将马洛里认为，进行这样的空降突击是不明智的，它所造成的伤亡将在50%以上，而且一无所得，是投机性质的作战。

　　经过反复研究，最后确定要大规模使用空降兵，但采取折中的方法，既不是在法国的纵深空降，也不是分散空降在整个海岸地区。事后证明这样做是比较正确的。

◆ 盟军军官们正在海滩研究战况

在组织实施方法上，根据以往几次空降作战的经验教训，也做了很大改进。如由战区最高司令部负责空降作战的组织计划工作，较好地解决了空降作战部队之间和空降作战部队与登陆部队、海军的全部协同问题；采取了有效的伪装欺骗措施，隐蔽了空降兵的行动，达成了空降的突然性；建立了引导队，使空降场有明确标志，保障了比较准确的实施空降。

在诺曼底空降作战中，空降兵的重要作用得到证实。从此，盟军的空降作战进入一个新的阶段。

雷霆万钧

第二次世界大战著名空战

马里亚纳海空战

1942年下半年到1943年上半年，盟军夺得太平洋战场主动权，为了进一步削弱日本的工业力量，盟军需要占领地位重要的马里亚纳群岛作为远程轰炸机基地。日本总部也意识到美军的企图，于5月20日发起"阿"号作战。此战役影响甚大，日本丧失西太平洋制海权，舰队主力航空母舰损失惨重，舰载机消耗殆尽。美军则大获全胜，只有少数舰只轻伤。

美军介入
太平洋战争

　　马里亚纳群岛是西太平洋上的一组岛屿，在东京以南大约1000余海里处。它位于琉球、台湾和菲律宾以东，北望琉球列岛，南临加罗林群岛，由北向南成弓形延伸，形成一条长约400余海里的绵亘弧线。其中最大的岛屿为关岛、塞班岛、提尼安岛和罗塔岛。

　　马里亚纳群岛战略地位极其重要，它正扼中太平洋航道的咽喉，居亚洲与美洲的海上交通要冲，是美军进攻日本本土和远东的必经之地。如果马里亚纳群岛被美军占领，日本本土与东南亚的海上生命线就将被切断，台湾和菲律宾也将直接摆在美军面前。更为严重的是，从马里亚纳起飞的美军B—29轰炸机可以将日本本土纳入其轰炸半径。正因为马里亚纳群岛如此重要，日军才誉之为"太平洋的防波堤"。

　　美军对日本的进攻路线有3条，一是北太平洋；一是中太平洋；另一是西南太平洋。把哪里作为主攻方向是美军发动战略进攻最重要的问题。

　　北太平洋天气严寒，海面上风大浪急，不利于实施大部队作战，而且对日本维持其战争的生命线——与东南亚的海上交通起不了多大作用，无法迅速解决战争。因此，美军自1943年5月收复阿留申群岛后，就未在这个方向采取进一步攻势。中太平洋或西南太平洋作为主攻方向的争论，在美军上层产生了尖锐的分歧。以麦克阿瑟陆军上将为代表的一方，主张在占领或封锁腊包尔之后，沿新几内亚-菲律宾轴线的西南太平洋发动进攻。

　　他们认为这条进攻路线可以充分利用美军在西南太平洋和南太平洋业已建立的一系列海空基地，始终能够得到岸基航空兵有力支援。而且，这条路

线对于进攻目标有着较大的选择余地，能够绕过日军重兵守备的地区，攻击日军防御薄弱之处。

而以尼米兹海军上将为代表的一方，认为这条进攻路线上的主要岛屿面积都比较大，日军部署的兵力也相应较多，所以遭到的抵抗一定较激烈，付出的伤亡也会大一些。

而且这条进攻路线的侧翼和后方都暴露在中太平洋地区日军面前，进攻态势并不理想，只能采取步步为营的战略逐步推进，其攻击速度可想而知。

相反，从中太平洋发动攻势，可将日军在太平洋上的部署拦腰截断，切断日本本土与东南亚之间的海上交通线，这对于日本而言是致命的。

而且中太平洋所要夺取的，大多是相距遥远的一些面积较小的珊瑚礁和岛屿，即便日军在这些岛屿上的防御比较坚固，也会由于面积小而力量单薄、彼此距离远而难以得到增援和补充，容易为美军各个击破。加之这条路线与美军后方基地之间的路程较近，能节省部队与运输船只的时间，从而迅

行驶在太平洋上的军舰

速结束战争。

表面上看是进攻路线之争，实际上却反映出美国陆海军之间的深刻矛盾。因为如果从西南太平洋发起攻击，主要依靠陆军实施地面进攻，海军只不过担任保护海上运输、以海空火力支援地面作战，并掩护陆军近海侧翼的次要任务。而从中太平洋展开进攻，关键是掌握制空权与制海权，海军的航母编队将是绝对的主力。由于所需占领的岛屿面积较小，地面战斗只需要小规模陆军部队，海军才是主角。

因此这场争论，双方都分别得到了陆海军头面人物——陆军参谋总长马歇尔上将和海军总司令欧内斯特•金上将的鼎力支持。

由于这个问题事关重大，美国参谋长联席会议进行了极其慎重和细致的研究，最后决定采取以中太平洋为主、西南太平洋为辅的双管齐下战略。

这样既可避免因单线进攻遭日军集中全力抗击和暴露侧后的危险，又能迷惑日军，使其难以判断美军的主攻方向，分散日军兵力和注意力，为战略进攻的顺利实施创造有利条件。

之所以选择中太平洋为主攻方向，还有一个原因，就是随着美国军事工业全面转入战时生产，大批航空母舰和登陆舰艇的建成服役，使中太平洋的海军部队拥有了一支以航母为核心的、具有极高机动力和极强突击力的舰队，能够确实保证掌握制空权和制海权。

根据参谋长联席会议的决定，美军先后组织了新乔治亚岛战役、吉尔伯特群岛战役、马绍尔群岛战役，随后的进攻矛头直指马里亚纳群岛。

日军实施"阿"号作战计划

　　日本海军联合舰队在1944年1月开始的马绍尔群岛战役中，不但没能出海迎战，反而退至帛琉群岛，直接导致了马绍尔群岛于4月失守。

　　这引起了日本内阁和陆军对海军的强烈不信任，甚至有些人提出放弃马里亚纳群岛，但日本大本营非常清楚马里亚纳的重要性，决定沿千岛群岛、小笠原群岛、马里亚纳群岛、加罗林群岛和新几内亚群岛西部，建立必须绝对予以确保的防线——"绝对国防圈"，马里亚纳是该防线的核心。

　　日军自1944年2月起，开始着手加强该地区的防御。由于以前马里亚纳群岛是海军负责防御，岛上的陆军部队很有限，日军大本营计划将中国战场上的第三和第十三师团调往中太平洋，以加强该地区的地面部队。

　　但这两个师团在中国战场上一时无法脱身，日军大本营只好于2月10日将驻中国东北的关东军第二十九师团调到马里亚纳，陆军部还将新组建的8个支队也调到该地区。

　　2月25日，日军大本营将中太平洋地区所有陆军部队整编为第三十一军，由小畑英良中将任军长，规定该军服从于联合舰队的调遣。

　　从3月起，日军进一步动员大批船只向该地区调集部队，至5月下旬，第三十一军已拥有5个师团又8个旅团，分别防守马里亚纳、特鲁克、小笠原和帛琉等岛屿。其中部署在马里亚纳群岛的是两个师团又两个旅团，约6万余人。

　　但防御工事才进行了一半，计划要到11月方能完成。此时，火炮掩体几乎没有，地雷和铁丝网也没铺设，总体防御根本谈不上坚固。

　　日军企图在第一航空舰队和第一机动舰队实力有所恢复后，寻找战机

与美军决战，争取扭转战局。决战计划原是联合舰队司令丰田副武主持制订的，代号为"阿"号作战。

根据"阿"号作战计划，第五基地航空队和第一机动舰队的舰载航空兵将在马里亚纳群岛对来犯之敌实施两面夹击，以抵消美军航母编队舰载机在数量上的优势。

日本海军计划用于马里亚纳群岛决战的主力第一机动舰队，是1944年2月由第二、第三舰队合并组成的，几乎包括了联合舰队所有主要水面舰艇，共有航母9艘，战列舰5艘，巡洋舰14艘，驱逐舰31艘，舰载机439架，由小泽治三郎海军中将任司令。

具体编制如下：第一航空战队：大凤、瑞鹤、翔鹤3艘航空母舰，第六〇一航空队，作战飞机225架；第二航空战队：隼鹰、飞鹰、龙凤3艘航空母舰，第六五二航空队，作战飞机130余架；第三航空战队：千代田、千岁、瑞凤3艘航空母舰，第六五三航空队，作战飞机90架。

　　日军大本营也深知这支舰队与美军太平洋舰队的航母编队在实力上存在较大差距，所以决定第五基地航空队与之配合作战，充分发挥舰载航空兵与基地航空兵的协同威力。

　　第五基地航空队分为3部分，分别部署在帛琉、马里亚纳和雅浦3地，每一处的航空队都拥有战斗机、轰炸机、攻击机和侦察机。

　　日本大本营还在"阿"号作战计划中明确指出：

二战时的特混舰队

集中我大部分决战兵力，准备在敌军主要反攻的正面，一举歼灭敌舰队，以挫败敌军的反攻企图。

自圣克鲁斯航空母舰大战之后，日本人还重建了自己的航空母舰兵力。第一机动舰队现拥有的9艘航空母舰中的大凤号就装上了厚厚的装甲飞行甲板，可以承受住美军俯冲轰炸机投下的炸弹攻击。

同时，还得到了一大批新型的舰载机，其中包括改进型"零"式战斗机、"天山"式舰载鱼雷攻击机。这种舰载机全长10.86米，翼展14.89米，重5.2吨，时速为482公里，可携带一枚800公斤炸弹或一枚改进型鱼雷，机载两挺7.7毫米机枪。

这些新型战机的特点是：速度快、灵活性好、攻击力强。

但是，由于飞行员损失过多，来不及补充，使日军缺少具有实战经验的飞行员和机组人员，派到航空母舰上去的飞行员几乎没有经过多少训练。

一位日军飞行教官这样说："海军迫切需要飞行员，那些在战前甚至连做梦也没想过能接近战斗机的人，现在都被派去驾机打仗了。"

1944年3月31日，日本联合舰队总司令古贺峰一在前往菲律宾途中座机遭遇暴风，机毁人亡。丰田副武海军大将接任。

5月3日，丰田接到了大本营发起"阿"号作战的指令，他随即向所属各部下达了作战指令。

但是，日军大本营被美军的"双管齐下"所迷惑，一直认为美军的主攻方向是在新几内亚群岛西北部和加罗林群岛西部，将帛琉群岛海域作为决战地域。因此，错误地将兵力调往新几内亚群岛，而马里亚纳群岛的防御被严重忽视了。

1944年6月11日，美军航母编队开始袭击马里亚纳群岛，日军仍认为这是美军牵制性的行动。直至6月13日，美军登陆编队出现在塞班岛海域，并开始炮击塞班岛，日军这才清楚美军的意图。

联合舰队司令丰田副武于当天下午17时30分下令，暂停在新几内亚群岛

的作战，并命令第十七机动舰队和第五基地航空部队调去新几内亚群岛参战的部队火速归还建制。

此时，第五基地航空部队已在新几内亚群岛遭到不小的消耗，而且飞行员中很多人得了"登革热"病，无法执行作战任务。日军只得从横须贺海军航空兵中抽调120架飞机组成航空队，由松永贞市中将任司令，火速南下参战。

6月15日，丰田副武大将下达执行"阿"号作战计划的决战令，并命令小泽治三郎海军中将"进攻马里亚纳群岛海域之敌，歼灭美舰队"。

5分钟后，丰田大将又发出另一封电报，重复了东乡元帅在对马海战时所发出的名言：皇国兴废，在此一战，我军将士务须全力奋战。

小泽不敢怠慢，火速率第一机动舰队向马里亚纳出击，气势汹汹地杀向烽火连天的塞班岛海面。

马里亚纳
"火鸡" 大捕杀

在美军攻占马绍尔群岛之际，尼米兹即决定绕过日军坚固设防的加罗林群岛，直接向马里亚纳群岛开刀。以夺取西太平洋的海空控制权，切断日本本岛与南太平洋之间的海上交通线，为下一步向帛琉、菲律宾和小笠原群岛进攻打开通路，并为对日本本土实施远程轰炸创造条件。

1944年3月11日清晨，美国海军部长金上将和太平洋舰队司令尼米兹上将来到白宫，请求罗斯福总统批准立即向马里亚纳进军的作战计划。

罗斯福在椭圆形办公室里接见了他们。

这一天，罗斯福的身体看起来不大好，面色憔悴，双手颤抖，但他仍然是满脸笑容，充满必胜的信心。他坐在轮椅上，很仔细地听着部下的报告，并当即批准了两位将军的作战部署。

同时又指出，即将打响的马里亚纳群岛之战，很可能是太平洋战争最后的一次大海空战，必须抓住这一战机，彻底打垮敌人。最后议定，此次马里亚纳作战的主攻方向是塞班岛、关岛和提尼安岛。

商定完作战计划之后，罗斯福又用手中长长的指示杆点着墙上那幅太平洋海图，从琉球列岛起，经塞班岛、关岛向东，一直点到雅皮岛附近为止。

罗斯福两眼坚定而冷峻地注视着海图，就像一位严谨的教师向学生提出问题一样，对尼米兹将军问道："请问将军，你知道这一带是什么地方吗?"

"报告总统阁下，这一带长约2000公里，海水深度约8000余米，最深处1.1万多米，是已知的太平洋最深处。这一条弧线被称作马里亚纳海沟，也称作西太平洋大海沟。"

尼米兹海军上将出于职业的本能和丰富的海洋知识，对罗斯福的提问对答如流。

"哈哈，切斯特，你真不愧是美国海军的统帅！"罗斯福眨动着眼睛，高兴地说，转而又严肃地叮咛道，"我以盟军最高统帅的名义命令你，并请你向麦克阿瑟将军转达，你的舰队在麦克阿瑟将军配合下，必须在马里亚纳海域给日本联合舰队开掘一个最后的坟场。"

"是，总统阁下！"

当天中午，他们在总统办公室里共进午餐。饭后，尼米兹将军立即飞回太平洋，带着美国总统的命令冲锋陷阵去了。

尼米兹将军到达珍珠港后，马上亲自组织制订了代号为"征粮者战役"的马里亚纳作战计划，并将登陆日定在6月15日。

为保证"征粮者战役"的顺利进行，尼米兹将军在战前积极进行了各项战役准备。

在马绍尔群岛扩建和新建的海空军基地，集中了尽可能多的兵力：登陆兵力12万多人，支援作战的舰只640余艘，其中仅米切尔海军中将的第五十八快速航空母舰特混舰队就有各型舰只90余艘，轻重航空母舰15艘，作战飞机950余架。这样，再加上第七航空队的飞机620架，就有将近1600架作战飞机。

1944年6月6日清晨，几乎和盟军在欧洲开始的人类历史上最大的登陆战——诺曼底登陆战发起的同一时刻，在中太平洋上，尼米兹将军麾下气势不凡的第五舰队，以米切尔中将庞大的第五十八特混舰队为开路先锋，从马绍尔群岛出航了。紧接着，500余艘各型舰船，载运着4个半加强师，总计12万余人及大量作战武器，也从四面八方浩浩荡荡地杀向马里亚纳。

就这样，日美双方共有近3000架飞机、21艘航空母舰及近千艘各型战舰，一起向马里亚纳海域汇集而来，人类战争史上最大规模的航空母舰大战就要爆发了。

1944年6月12日至14日，为保证登陆部队顺利上岸，美军第五十八航空母舰特混舰队在关岛以东170海里的海面上，出动了208架式战斗机和240架

舰载轰炸机，对塞班岛、提尼安岛和关岛等日军基地和机场进行了猛烈地轰炸，使日军基地航空兵遭到了沉重打击。

据不完全统计，日军仅飞机就损失500余架，一下子就使第六十一航空战队的战力损失过半，这就为美军下一步的登陆和海战减轻了很大的压力。

6月15日清晨，就在丰田副武海军大将下达发动"阿"号作战令的同时，美海军陆战队指挥官史密斯中将指挥两个师共计两万余人，于8时30分开始了对塞班岛的大举登陆，与守岛日军展开了殊死拼杀。

此时，正在指挥日军第一机动舰队向马里亚纳进击的小泽治三郎中将，闻此消息更是心急如焚，赶紧命令舰队全速前进。

小泽舰队正向马里亚纳开来的消息，正是美国人盼望已久的。因为美国太平洋舰队早就想同日军航空母舰舰队一决雌雄，想不到这一次它们竟然倾巢出动了。

真是冤家路窄，当年参加偷袭珍珠港的"翔鹤号"和"瑞鹤号"航空母舰也随小泽出动了，它们企图再现当年的辉煌。但是，小泽的第一机动舰队只有各型舰载机400余架，而其主要对手米切尔的第五十八特混舰队共有各型飞机900多架。小泽的兵力明显处在劣势，但小泽认为形势比较有利。

小泽预计，战斗将会在关岛附近海域日军基地飞机的作战半径之内、美军飞机的作战半径以外的海域展开。

这就是说，他可以攻击美国人的航空母舰，同时又能使自己的舰队处在美机的攻击距离之外。另外，还有一点对他有利的是，他不用像美军那样去保护登陆的滩头阵地。

这次的战役布局与两年前的中途岛海空战非常相似，只是在角色上打颠倒了。中途岛是日军入侵，美国人严阵以待；而马里亚纳则是美国人进攻，日本人防守。两次唯一的相同之处，都是以日本人失败告终。

当尼米兹将军得知日军航空母舰中有3年前偷袭珍珠港的"翔鹤号"和"瑞鹤号"时，眉开眼笑地对一位参谋说道："你赶快把电报拍给斯普鲁恩斯将军和米切尔将军，通知他们，这次海空战只要一打响，就不要放跑我们

的死对头。"

"死对头？"参谋不解地问道。

"是的，日军的航空母舰'翔鹤号'和'瑞鹤号'。"

"是，将军，我立即发报。"

"告诉他们，我希望几天后就能收到他们击沉这两艘航空母舰的告捷电报。欧洲的盟军已经在法国诺曼底登陆了，这是历史上伟大的军事创举。我们太平洋舰队也不能比他们逊色。打好马里亚纳群岛这最后一次大海空战，回头我邀请在这次大海空战中有功的官兵们，到东京去共进午餐。这些话请你都写在电文里。"

"是，将军。"

1944年6月17日，收到尼米兹上将的电报后，美军中太平洋舰队司令斯普鲁恩斯将军立即向米切尔将军下达了作战命令：

我航空兵力首先应摧毁敌航空母舰，然后攻击敌战列舰和巡洋舰，使其减速或丧失战斗力。

以后，如敌继续求战，战列舰编队应以舰队行动歼灭敌舰队；如敌人撤退，则击沉其掉队或受伤的军舰。对敌作战，必须全力发动猛烈攻击，务求全歼。

罗斯福总统

157

第五十八特混舰队在奉命驶入塞班岛西部海域时，为了便于作战，米切尔将舰队分为5个突击大队。具体是：

克拉克海军少将指挥的第一特混大队；蒙哥马利海军少将指挥的第二特混大队；里夫斯海军少将指挥的第三特混大队；哈里尔海军少将指挥的第四特混大队；李海军少将指挥的第五特混大队。

每个特混大队之间相距约12海里，全部与风向成90度角一线展开。这样，每艘航空母舰就可以互不干扰，随时都能同时转向顶风方向，让飞机起飞，或者转向顺风方向，收回自己的舰载机。

就这样，米切尔庞大的第五十八特混舰队，在波涛汹涌的马里亚纳西部海面上已摆开阵势，严阵以待。

6月19日凌晨，马里亚纳西部海域乌云低垂，狂风大作，恶浪滚滚。作为攻击日，气候极不理想。

凌晨3时30分，小泽海军中将派出了第一批16架侦察机；4时15分，又派出第二批13架侦察机；24时25分，第三批13架侦察机又腾空而起。战幕尚未拉开，小泽的3批侦察机已先后向东方380海里远的海空飞去。

6时34分，首批侦察机在塞班岛以西160海里处发现了由美5艘大型航空母舰组成的一支特混舰队；第二批侦察机也发现了另一支美舰队；第三批侦察机则在关岛以西70海里处发现了由3艘大型航空母舰组成的美特混舰队。

得到这些情报后，小泽立即制订了出击计划。他自恃日本经过改进的轰炸机和鱼雷机已成功地将作战半径延伸到400海里，他还知道美国的各种类型飞机由于其战斗机续航力的限制，仅能在80海里至220海里的范围内作战。

因此，小泽决定从380海里的距离上实施第一次进攻，给美舰队以先发制人的打击。

然后，乘美舰队混乱之机，再发起200海里至250海里的攻击。这就是小

泽自己为之得意的新"外围歼击"战术。另外，小泽还把取胜的希望寄托于关岛等处的日本机场和基地飞机上，其实这些飞机根本不可能帮他的忙。

尽管小泽还不知道大部分基地飞机已被美国人的战机所摧毁，但当时整个形势对日本人来说还是比较有利的。

因为当时发现的美舰队与小泽舰队前卫相距约为300海里，与小泽主力相距约为400海里，这正是小泽梦寐以求的先发制人的理想打击距离。

更令小泽庆幸的是，由于美国人的侦察机巡逻半径比较小，美方至今还没有发现小泽舰队！

在这千钧一发的关键时刻，小泽一声令下，日航空母舰立即逆风向行驶，甲板上飞机的引擎瞬间发出雷鸣般的轰鸣，决战的时刻终于来到了！

战斗进程按照小泽的作战计划顺利展开：清晨7时30分，经过充分准备的第一攻击波庞大机群的引擎发出了震耳欲聋的巨响，129架飞机，其中包括战斗机48架、轰炸机54架、鱼雷攻击机27架，从航空母舰飞行甲板上腾空而起，向美舰扑去。

紧接着，第二航空母舰战队和第三航空母舰战队的30架战斗机、15架轰炸机和72架俯冲轰炸机，共计117架飞机，也不失时机地咆哮着升空。

就这样，第一攻击波由246架各型战机组成的庞大机群，杀气冲天地向美舰队杀来。

上午10时整，第二攻击波的82架飞机又呼啸着升空，再次向美舰队冲来。

11时10分，第三攻击波的69架攻击机又开始了向美舰队的第三次冲击。

小泽几乎是孤注一掷地先后射出的3支"利箭"，共由近400架飞机组成，真可谓规模空前。当首批飞机全部起飞后，旗舰上的小泽司令官、吉村参谋长等人面带喜色，确信好久没有举杯祝贺的机会终于又要来到了。

舰桥上的人似乎毫不怀疑，这必将是日本帝国海军有历史意义的一天，也许是又一次对马海战。

然而，有一点却是小泽万万没有想到的。这就是美国人新近装备的先进雷达，使小泽那近乎天衣无缝的"外围歼击"战术完全化为泡影。

上午10时左右，当日机第一攻击波的246架飞机渐渐飞到距美航空母舰编队150海里位置时，"莱克星顿号"航空母舰上不停转动的雷达荧光屏上便出现了一片密密麻麻的亮点。

"正西150海里处，发现敌攻击机群！"雷达操作员立即报告。

米切尔海军中将盼望已久的与日航空母舰决战的时刻终于如愿到来了。他立即下令出击，300多架美舰载战斗机紧急起飞，前往迎敌。不一会儿，在距美舰队70海里的西部海空，日美双方爆发了举世瞩目的大空战，马里亚纳海空战正式爆发了。

美军方面率首批战斗机前往迎击的是查尔斯·布鲁尔少校，只见他一马当先，11名部下紧紧跟上来，一架接一架朝日机飞去。

布鲁尔少校首开纪录，他一开炮就使一架"零"式机凌空开花。这架日机的碎片还没有坠落到大海，布鲁尔又打断了另一架日机的机翼，尔后他又

二战时的战列舰

巧妙地甩掉一架"零"式机并把它打得起了火。

此时，天空中美军战斗机与日改进型"零"式战斗机搅成一团。改进型"零"式机就像蚊子一样灵活地绕着圈，使身体粗壮的美军战机难以接近开火。

鉴于这种情况，美机马上兵分两路，一路与"零"式机继续纠缠，另一路集中力量专打轰炸机。在密集的弹雨中，10多架日式轰炸机先后坠入大海。片刻工夫，日轰炸机就全被打落。尔后，美两路机群又一起夹击"零"式机，将日机打得只有招架之力。

美机射出的12.7或20毫米口径的燃烧弹、穿甲弹打中日机即起火，而日机的7.7毫米机枪子弹，除非击中要害部位，否则对美机根本不起作用。其中有一架美军飞机的机翼被日机枪子弹打得全是窟窿，仍然能威风凛凛地继续格斗。

10分钟后，第一攻击波的日机几乎全部被击落。

此刻，为腾出飞行甲板使战斗机能够返航补充弹药、油料，米切尔将军又使出惊人的一着。

他命令航空母舰上的所有攻击机全部升空，让这些既因机载火力弱无法参加空战，又因距离远无法攻击的鱼雷机、俯冲轰炸机在安全空域盘旋待命。这一出奇的招数，不仅大大地鼓舞了美军飞行员的斗志，而且为即将来到的空战创造了有利条件。

返回的美机刚刚加油挂弹，日军的第二波攻击机群又来临了，美机立即投入第二次大空战。只见从"爱塞克斯号"航空母舰起飞的战斗机冲上去，其他航空母舰上起飞的战斗机也迅速围上来，不到几分钟就打下近70架日机。

空战最激烈时，竟有近20架日机同时中弹起火，其残骸就如同燃烧着的火炬一样慢慢坠入大海。

由于前一个时期的空战使许多经验丰富的日军飞行员大量减员，这次补充的多是刚刚从航校临时抓来的学员，不仅驾驶技术不过关，而且毫无实战经验。只见天空中一架架日机，就像被猎枪打伤的水鸭子，噼里叭啦地直向

海水里扎。

就在空战最激烈的时候，米切尔将军在飞行指挥塔里饶有兴趣地听着无线电里传出来的乱哄哄的声音。

这些由叫骂声、机枪机炮射击声、爆炸声组合成的大杂烩，对于米切尔来说，就像是一曲威武雄壮的战争交响曲，一首他终生难忘、永远也欣赏不够的美妙乐曲。

突然，一个清晰的声音传入米切尔的耳中："嘿！这真像古代的捕杀火鸡呀！"

米切尔将军牢牢地记住了这句话。因此，这场空前规模的大海空战就以"马里亚纳火鸡大捕杀"而著称于世了。

日军第三攻击波的69架飞机，在预定的攻击区域内没有发现美舰队，大部分飞机不战而归。

其余约有24架飞机在寻找目标的途中被美雷达发现，随即从航空母舰"大黄蜂号"和"爱塞克斯号"上紧急起飞了50多架战斗机前往截击。不一会儿，天空中的日机便纷纷爆炸，碎片满天飞舞，20多架日机转眼之间便无影无踪了。只见空中有红色的近爆闪光、有黑色的硝烟弥漫、有洁白的降落伞穿插其间，把中太平洋那碧海蓝天搅得昏天黑地。

就这样，马里亚纳海空战以日本人的彻底失败、美国人的完全胜利而告结束。

此次航空母舰舰载机的空中搏杀，美军共出动战斗机350多架，只损失了23架飞机。

而日本小泽舰队先后共出动各型飞机397架，仅有100架左右的飞机幸免于难。另外，加上随日本航空母舰一起沉没的飞机，仅在6月19日这一天，日方就损失各类飞机373架。

美日航空母舰的
殊死较量

激战至此，日本人不仅空战损失惨重，航空母舰的命运也是同样不济。

1944年6月19日上午8时10分，就在小泽的旗舰"大凤号"航母送走攻击队最后一架飞机时，却被正急于寻找"猎物"的美潜艇发现了。

美潜艇立即向"大凤号"发射了6枚鱼雷，其中一枚鱼雷准确无误地击中了"大凤号"的燃料舱。这艘标准排水量为33000吨，是一个月以前才服役的新型大型装甲航空母舰，曾被日本海军自豪地称为"不沉的航空母舰"。

按说，两三枚鱼雷的攻击对这样规模的大型航母起不了多大的作用。可不巧的是，"大凤号"中雷后产生的猛烈爆炸将舰上的升降梯毁坏，并堵塞了通风口，使得大量可燃气体在舱内聚集起来。

大约在下午14时32分左右，由于电火花引起了惊天动地的大爆炸。当时站在舰桥上的高级参谋看见，"大凤号"的飞行甲板突然"像富士山那样鲜花盛开"！

下午16时28分，在夜幕降临之际，"大凤"终于在塞班岛以西500海里处沉没了。在它沉没之前，2150名舰员中只逃出了不到500人。

就在"大凤号"航空母舰遭到美潜艇攻击后几小时的11时20分，另一艘大型航空母舰"翔鹤号"又遭到美潜艇的攻击。美军潜艇巧妙地突破警戒，抢占有利攻击阵位，隐蔽地向"翔鹤号"发射了6枚鱼雷，有3枚鱼雷直接命中。

这艘饱经战火考验、曾经参加过偷袭珍珠港和珊瑚海大战的"老兵"，于下午14时，先于"大凤号"沉入马里亚纳大海沟之中。

该舰上的许多舰员还不知发生了什么事，就糊里糊涂地随同他们的战舰

一起沉入海底，1263名舰员中只有在甲板上的少数人员获救。

美潜艇在数小时内一连击沉日军两艘巨型航空母舰，尤其是"翔鹤号"被击沉，令米切尔大喜过望。在胜利面前，他并没有过早地满足，他想到的是如何再扩大战果。在他的一生中，指挥如此大规模海空战的机会不会太多了，他想再打一个更漂亮的胜仗。战斗机和潜艇的表现使他非常满意，但还有近200架攻击机在空中作无谓的消耗，应当让它们也去充分地表现一下。

想到这里，他马上发出命令：

攻击机群注意，现在我命令你们去轰炸关岛日军机场，扔完炸弹、鱼雷后立即返航。

半小时后，捷报传来。关岛日军机场基本被摧毁，米切尔将军终于露出了欣慰的笑容。

1944年6月19日傍晚，小泽根据联合舰队司令部的命令，已开始在夜幕的掩护下向西北方后撤。此时，一封特急电报摆到了斯普鲁恩斯将军的办公桌上：

我特混舰队已击沉日军两艘航空母舰，击毁日机373架，敌人已无力反抗，正在组织撤退，请求追击。

海军中将米切尔

1944年6月19日16时48分

斯普鲁恩斯将军当即同意了米切尔的请求，"追击敌航空母舰!"

米切尔海军中将兴致勃勃地向全舰队发出命令。

1944年6月20日清晨，经过一夜休整补充的美第五十八特混舰队4个航空母舰群中的3个，立即开始追击日机动舰队。但是由于弄错了方向，向西南追去，所以直至下午16时5分、"企业号"的侦察机才发回报告："在北纬15度

35分、东经134度35分的海域发现日机动舰队，距离275海里。"

米切尔接报后，真是处于进退两难之中。如果进攻，美机就要往返700余海里的航程，这几乎是美俯冲轰炸机和鱼雷攻击机的极限，其中还不包括在作战过程中必不可少的燃油消耗。

另外，此时天色已晚，攻击完后舰载机肯定要在夜间摸索返航，而他手下的飞行员只有少数人能在夜间降落，危险太大。但如等到天亮再攻击，又会白白失掉这次摧毁日舰队的机会。

"飞机起飞！"经过反复考虑，米切尔还是决定要冒一次险。

不到10分钟，216架飞机，其中包括77架"无畏"式俯冲轰炸机、53架"复仇者"式鱼雷攻击机和86架战斗机，从10艘航空母舰的甲板上腾空而起，迎着夕阳向西飞去。

二战时的战列舰 ❤

18时23分，美机发现海面上的日军油船；18时30分，终于发现了庞大的小泽舰队。该舰队有6艘航空母舰、4艘战列舰、11艘巡洋舰和22艘驱逐舰，分为3路纵队，每路纵队间隔10海里，舰尾部划出的白色航迹给美机指明了攻击的目标。

"首先攻击敌航空母舰！"空中指挥官命令道。美各型战机迅速进入攻击航向，"复仇者"式鱼雷机开始降低高度，"无畏"式俯冲轰炸机开始爬高，只有战斗机仍保持原先的飞行高度。整个美攻击机群形成立体攻势，就像一阵龙卷风般袭向日舰。

小泽见状，赶紧下令所有的舰载机全部升空迎战。虽说是全部，但也只是很勉强地拼凑了75架飞机。这点可怜的兵力又怎么能够阻挡得了强大的美攻击机群呢！小泽的心中非常不安。

只见天空中美战斗机就像老鹰捉小鸡似的冲向日机，将这些倒霉的日机一架接一架地打落海中。"复仇者"式鱼雷攻击机冒着日舰几乎呈齐射状态的高射炮火，开始投雷，一枚鱼雷在光线很暗的海面上高速向日航空母舰冲去。俯冲轰炸机如饿虎扑食，在夕阳的余晖下冒死攻击，冰雹般的高爆炸弹凌空而下，在海面上掀起森林般的冲天水柱。

日本"飞鹰号"航空母舰在炸弹和鱼雷的联合攻击下，舰面腾起熊熊大火，很快就摇摆着巨大的身子一头扎入海底；"瑞鹤号"航空母舰、"隼鹰号"航空母舰和"千代田号"航空母舰也分别被雷弹打得伤痕累累，舰身严重损坏。激战中，小泽又损失了65架飞机。

另外，美部分俯冲轰炸机误将跟在航母后面的两艘油轮当做航空母舰，对其进行了猛烈的俯冲攻击，500公斤炸弹就像冰雹般地砸向日油轮，仅两三分钟，两艘油轮先后爆炸起火，瞬间即沉入大海。

日联合舰队
以惨败告终

1944年6月19日19时，空战结束。当时天空中既没有月亮，也没有星星。

返航的漫长旅程对美飞行员来说犹如噩梦一般，飞行员一个接一个地报告燃料即将用完。

20时15分，美机在暗夜之中总算返回了自己的"家"。可为了防止日机和日潜艇的袭击，美特混舰队实行严格的灯火管制，"家"中一片漆黑。正如米切尔所预料的，当这些美机飞回的时候天已全黑，只有少数技术娴熟的飞行员在黑暗的甲板上顺利降落。

此时，在航空母舰上的人可以清楚地听到飞机在头顶上盘旋；可大多数飞行员只能辨认出军舰的航迹，根本认不出哪一艘是航空母舰。有的飞机打开了红色和绿色识别灯，发动机喘着粗气，发出燃油耗尽时的那种"噼噼啪啪"的响声。

派这些飞行员出击本来就是一个冒险的决定，此时，米切尔又作出了另一个大胆的决定：他命令所有航空母舰全部开灯。

刹那间，所有的航空母舰都打开了红色桅杆灯，飞行甲板上灯火辉煌，探照灯光柱刺破了夜空，将这片海区装点得犹如美国的狂欢节，从空中看又像神话中的世界。

一位飞行员说：这种场面犹如"好莱坞的彩排、中国的春节和美国独立纪念日赶到一起了"。

然而，更确切地说，这真是一场狂欢中的悲剧：这些天之骄子们在灯光的指引下，本可以在任何一艘它们发现的航空母舰上降落。但由于大多数飞

机的燃油已经耗尽，飞行员急于降落，一发现他们盼望已久的美妙灯光，就蜂拥着朝甲板飞来。

结果发生了一连串的冲撞爆炸事故，不少飞机一架接一架地掉到海里。有一架飞机在降落时撞在前面已降落的飞机上，还有一架飞机甚至把一艘驱逐舰的桅杆灯当成了引导信号，干净利落地降落在驱逐舰旁边的海面上⋯⋯

至22时，这一灾难性的夜间返航，美机损失了77架飞机，是刚结束的空战中损失的4倍，但落水的飞行员大部被救。

就在美国人忙于搭救落水飞行员时，小泽舰队也很快撤出了战斗。至此，马里亚纳海空战宣告结束。

在此次海战中，美军仅有两艘航母、两艘战列舰和一艘巡洋舰受轻伤，无一艘军舰沉没，舰载机损失117架。

日军被击沉航母3艘、油船2艘；被击伤航母3艘，战列舰、巡洋舰和油船各1艘，舰载机损失404架，占全部舰载机的92％；基地飞机损失247架，几乎全军覆没；此外，日军出动的36艘潜艇也被击沉20艘。

这场海战，日军投入了联合舰队的全部主力舰只和大部分基地航空兵，原想一举扭转战局，不料又以惨败而告终。特别是舰载航空兵损失高达92％，这对于日军而言是致命的。没有一年半载的时间，根本无法恢复成一支现代化的舰队。尤其是飞行员的损失更是难以弥补。

在短时期里，日军的航母部队不能成为有战斗力的部队，从而使中太平洋上的制空权、制海权彻底落入美军之手，美军继而取得了战略进攻更有利的条件。

俗话说"兵不厌诈"。美军的"双管齐下"战略使日军大本营以为美军的战略主攻方向是新几内亚-棉兰老岛，特别是当5月27日麦克阿瑟指挥的西南太平洋战区的部队在比阿岛登陆后，日军更是认为美军太平洋舰队将到达新几内亚以北海域，于是迅速向该方向调集兵力，并准备在帛琉海域与美决战。

同时，日军将潜艇部队配置于加罗林群岛以南，以尽早发现美军舰队，甚至当美军6月11日开始对马里亚纳群岛实施炮火准备，日军仍然认为那是

美军的牵制性行动，对此不以为然。直至6月15日美军的大批登陆舰艇到达塞班岛海域，并开始换乘，日军这才意识到美军的主攻方向是在马里亚纳，但为时已晚。

小泽本来计划借助部署在马里亚纳群岛的500余架基地飞机，来与舰载航空兵协同对美军实施两面夹击。但由于日军对美军战略进攻方向判断失误，将马里亚纳群岛的基地航空兵大部调往新几内亚，待判明美军攻击方向后再往回调，已经来不及了。

现代海空战的决定性力量是航母及其舰载机。尽管日本联合舰队根据形势的发展进行了改组，将以战列舰为核心改为以航母为核心的第一机动舰队，并为航母配置了基本满额的舰载机。

然而，日军战争初期那些训练有素的飞行员几乎都已消耗殆尽，补充的飞行员缺乏必要的训练，技战术水平非常有限。

靠这些没有经过正规训练的"菜鸟"飞行员，哪里能抵挡住美军强大航母编队的进攻呢？小泽出于扬长避短的考虑，决定在美军作战半径之外发动攻击，然后在马里亚纳群岛机场上降落加油挂弹，再从陆地机场起飞攻击美军，形成"穿梭攻击"之势。从表面上看，好像很不错，既可有效打击美军，又能避免美军的攻击。

但他忽视了其飞行员的战术技术水平有限这一重要因素，实施"超距攻击"必须在极限航程起飞，飞行员在飞行过程中，要尽量节约燃料，要考虑气象条件的影响，要随时警惕周围敌情……

连技术熟练的飞行员都不容易做到，何况日军飞行员大都是新手，经历如此漫长的航程后还没投入战斗就已经精疲力竭了，哪里还有足够的精力应付美机的拦截？

马里亚纳海战的结局告诉人们，战场上的胜利不仅来自于正确的战略判断和战役上的正确指挥，而且需要战斗员凭借精湛的战术和技术去实现指挥员的战役目标，没有一系列具体的战术上成功和胜利，那种所谓正确的战略意图最终只能是"纸上谈兵"。

雷霆万钧

第二次世界大战著名空战

比斯开湾空潜战

　　比斯开湾，位于伊比利亚半岛和布列塔尼亚半岛之间，对于德国海军而言，具有极其重要的战略意义。自1940年6月德国占领法国后，投入大西洋作战的德军潜艇有大部分是从比斯开湾各港口出发的。正因为它对于大西洋航线极其重要的战略影响，盟军除投入各种兵力对潜艇所进出的航道进行封锁外，还在比斯开湾内进行了大规模的反潜活动，取得了重大成果。

希特勒抛出

海上"血本"

　　1944年，随着德国法西斯在苏联战场、北非战场的节节败退，盟国乘胜追击，将重兵推进至法国西部，准备解放巴黎。

　　为此，希特勒调集了55个师的兵力，驻守在法国西部，以抗击盟军登陆。同时命令空军和海军，一旦登陆发生，都要不惜血本，打击航渡之敌。

　　至1944年春，在法国作战的德国空军第三军，只剩下90架轰炸机和70架战斗机，实际上已名存实亡，派不上多大用场。

　　希特勒倚重的是海军。

　　可是，邓尼茨现时手头又有多少兵力可以调遣呢？王牌战列舰"提尔比兹号"被英国袖珍潜艇炸伤后，4月底又遭到英国皇家海军舰载机的轰炸，这时已遍体鳞伤，正和5艘驱逐舰躲在阿尔腾峡湾内，动弹不得；

　　"格纳森诺号"战列巡洋舰完全失去了战斗力，也无法出战；"希佩尔海军上将号"和"科隆号"正在修理；

　　"舍尔海军上将号""吕佐夫号""欧根亲王号"等舰伤痕累累，均待在波罗的海内，以求暂避一时。事实上，它们已成了一些挨打的大目标，他根本不能指望它们。

　　在西线，倒是有400多艘小型舰艇，但是，这些小舰小艇又能干些什么呢？在盟军强大的登陆编队面前，它们充其量也只能骚扰一下对方而已。

　　看来，唯一能够担起打击航渡之敌重任的，只有靠他的掌上明珠——潜艇了。

　　1944年夏，柏林在英美空军的狂轰滥炸之下成了一座没有顶盖的碉堡，

已毫无安全可言。纳粹海军总司令邓尼茨无可奈何，只好将他的司令部搬出了施泰因普拉茨大街的豪华大厦，迁到了贝尔瑙郊区的营地里。

6月5日夜，当盟军千军万马抢渡英吉利海峡的时候，他正躺在临时司令部的行军床上，昏昏欲睡。

6日清晨，副官走进了他的房间，交给他一份电报，电报是西线海军司令特奥多尔·克朗克上将拍来的，向他报告说：盟军在诺曼底登陆。

登陆是预料之中的事，但登陆地点却令他颇觉意外。他走进隔壁房间，叫醒了戈德特少将和赫斯勒上校，然后直奔作战室。

作战室内挂着一幅巨大的大西洋地图，上面标有每一艘潜艇的艇位。邓尼茨的目光从西向东移动，扫过比斯开湾、英吉利海峡、多佛尔海峡和北海，然后打量了一眼挪威海岸，又目光下移，死盯着瑟堡和勒阿弗尔之间的

德国U－101潜艇和士兵

登陆地段。他脸色苍白，全然没有了战争初期的那种猖狂劲头了。他默然良久，才转过脸来招呼赫斯勒传达他的命令，让"农夫"艇群立即出击。

邓尼茨是靠潜艇起家的，对潜艇战有着一种固执的偏爱。尽管他清楚地知道盟军会严密封锁英吉利海峡，但仍觉得冒这样的风险值得。因为击沉一艘满载军火燃油和其他作战物资的船舶，最多就牺牲一艘潜艇，而在岸上要想消灭同样的物资，少说得损失几倍、甚至几十倍的兵力。

所以他才于5月中旬向克朗克发出了组建"农夫"艇群的命令。

命令的主要内容为：

> 用37艘至40艘潜艇组成一支艇群；在入侵发生时，在港潜艇必须出击。

1944年6月6日，当他收到克朗克的电报后，对第一批出击的潜艇发出了下述训令：

> 参加登陆的每一艘船只，哪怕只载一辆坦克和几十个人，也得看成极其重要的目标，要不顾危险加以攻击。必须竭尽全力，拦截敌人的登陆运输队，不必顾及浅水、雷区或其他任何危险。
> 在航渡中歼灭掉敌人的一兵一卒和一枪一炮，都会减少敌人成功的机会。给敌以损伤就是尽了职守，潜艇存亡，在所不计。

显然，他是在强令部下进行自杀出击，就像一个输红了眼的赌徒，要孤注一掷了。

174

盟军制订
"软木塞"巡逻方案

德军的反扑在盟军的意料之中。

为此，盟军集结了一支庞大的反潜兵力，将英吉利海峡里里外外，封了个严严实实。海峡东部水浅，加上航道较窄，完全可以用水雷堵死。

海峡西部较深，加上水面开阔，是设防的重点。

反潜兵力由水面舰艇部队和岸基航空兵构成。在英格兰南端130海里的洋面上，由"搜索者号""活动号""文德克斯号"护航航空母舰和6个反潜大队组成外层防护，负责拦截由大西洋和挪威基地赶来的德艇。

在布勒斯特和朴茨茅斯之间的海峡入口处，由两个反潜大队和4艘驱逐舰进行巡逻；在海峡群岛之间，由4艘驱逐舰配合飞机行动，为第二道防线。第三道防线紧挨登陆场，在瑟堡和波特兰之间，兵力为12艘驱逐舰、护卫舰和8个近海舰艇大队。

岸基航空兵为第十九大队，司令官布赖安·贝克空军少将，下辖25个飞行中队，计有飞机350架左右。

为了能够日夜不停地搜索从爱尔兰南部到法国布列塔尼半岛之间的广阔水域，他同意了詹姆·佩里空军中尉制订的"软木塞"巡逻方案。

佩里根据每一种飞机的续航力，将要巡逻水域划分为12个框，并依次命名为A、B、C、D、E、F、G、H、I、J、K、Z，每个框的周长等于一架飞机30分钟或60分钟的航程。

如果周长等于60分钟的飞行距离，就由两架飞机以30分钟的间隔，绕着长方形框飞行。就这样，320架飞机可以轮番升空，每隔30分钟就将这片水域

整个搜索一遍。

佩里的长方形框像一个巨大的"软木塞"，将英吉利海峡封得严严实实。为了检验它的巡逻效果，贝克在爱尔兰岛南部水域进行了一次实战演习。

"海盗号"潜艇奉命完成90海里的航程，上方有飞机进行反潜巡逻。结果，在整整28个小时内，潜艇只在水面航行了两个小时。这两个小时是9次浮出水面的时间，每次上浮时间平均13分钟。由于上浮时间太短，潜艇根本无法充足电或补充压缩空气，从而完全失去了战斗力。

"海盗号"艇长说：如果一艘德国潜艇遇到这种情况，那肯定会死无葬身之地。

德国"农夫"潜艇
遭遇厄运

1944年6月6日5时13分，德国"农夫"艇群接到了火速出击的命令。

该艇群共有49艘潜艇，可是，由于种种原因，能够立即出海的只有35艘。

布勒斯特离诺曼底水域最近。6日晚上，15艘潜艇排成一路纵队，间距300米，鱼贯出港。海面月光闪烁，暗一片亮一片的。艇队驶达下潜点后，便改取270度航向，全速向英吉利海峡峡口逼近。

7日凌晨1时45分，天空中传来了飞机发动机单调的响声。U—256号潜艇首当其冲，遭到了"软木塞"巡逻机的攻击。潜艇开炮还击，在飞机投下深水炸弹的一刹那间，将飞机击落。飞机的残骸在水面燃烧着，将艇队四周的天空照得通红。U—256号潜艇也在劫难逃，被深水炸弹炸成重伤。

25分钟后，又一架飞机扑来，从艇队右舷40度方向发起攻击。

U—415号潜艇赶忙开火，但飞机疾如流星，从200米高度急冲到潜艇前方，投下了4枚深水炸弹，4声巨响把潜艇抛出了海面，将艇员摔倒。

当潜艇跌回水面时，跃起的水柱又跟着下落，把成吨的海水从指挥台出入口灌进艇内。两台柴油机停止了转动，舵机严重受损，潜艇因伤势太重，只好掉头脱离艇队，和U—256号结伴返回了布勒斯特。

从圣纳泽尔、洛里昂和拉帕拉斯出航的潜艇也同样遭到了"软木塞"巡逻机的频频攻击，U—955号和U—970号潜艇被炸沉，U—212号和另外两艘潜艇被炸伤。天亮后，潜艇一艘接一艘地潜入水下，直至7日夜幕降临，才重新浮出水面，继续向东北方向全速行驶。

8日凌晨，加拿大皇家空军肯尼思·穆尔空军中尉驾驶一架飞机在英吉利

海峡西口连连得手，半个小时内，仅用12枚炸弹，只两次交叉投弹，就分别击沉了U—629和U—373号潜艇。

"农夫"艇群胆战心惊地缓缓向前推进。天亮时分，在一场激烈的战斗中，U—413号潜艇又遭不测，被一架飞机炸伤。

损失在不断增大。9日上午，在布勒斯特以西海面上，U—740号潜艇刚刚浮出水面为蓄电池组充电和补充压缩空气，就被一架飞机发现，击沉。10日，U—812号潜艇一命呜呼。

至此，"农夫"艇群已损失了1／3的兵力，可除了几艘闯到英吉利海峡西口外，其余的仍在比斯开湾内徘徊不前。

克朗克向邓尼茨报告了这一严酷的事实，承认遭到了失败。同时，他下令没有装通气管的潜艇全部返回基地待命，而将突入登陆水域的希望，一股脑儿赌在装有通气管的潜艇身上。

二战时德国的柴油潜艇

"狩猎"者
被逐出猎场

当时的潜艇，普遍采用的是柴电动力装置，水面航行用柴油机，水下用电动机。由于蓄电池组的电能消耗相当快，所以潜艇要经常浮出水面，由柴油机带动发电机给蓄电池组充电，同时更换艇内的空气，为高压空气瓶充气。奔赴作战水域时，潜艇绝大部分都是在水面赶路。

"软木塞"巡逻机正是利用潜艇的这一弱点，通过反复迫使敌艇下潜，使其来不及充电和补充高压空气，从而达到使其丧失作战能力的目的。

对这一点，德国人早有警觉，他们搞出了一种名叫通气管的装置，使潜艇能在潜望镜深度行驶时就能为蓄电池组充电，从而无须浮出水面。

通气管露出水面的部分只有一米来高，在雷达屏幕上的回波信号相当小。这样，就大大减少了潜艇被飞机发现的概率。但是，由于法国的铁路遭到了盟国飞机连续不断的轰炸，许多改装用的配件无法运到比斯开湾的潜艇基地。因此，当邓尼茨下令组建"农夫"艇群的时候，49艘潜艇中只有9艘装上了通气管。

1944年6月10日，克朗克接到报告，只有6艘勉强进入了英吉利海峡西口，越过了两个反潜大队和4艘驱逐舰组成的第一道防线。这6艘潜艇是U—621号、U—764号、U—953号、U—275号、U—269号和U—441号潜艇。其中，除U—441号潜艇外，其余5艘潜艇全部装有通气管。

鉴于此，他才在1944年6月12日下达了装有通气管的潜艇继续出击，其余潜艇一律返航的命令。U—441号潜艇奉命返航，其余5艇继续潜行，沿英吉利海峡缓缓东进。一连三天平安无事，直至15日，在拉阿格角附近，U—764

号潜艇才首开杀戒，用鱼雷攻击了"布莱克伍德号"驱逐舰，使该舰身负重伤，在拖往波特兰港途中沉没。U—764号潜艇随即遭到其他反潜兵力的猛烈回击，只好带伤潜伏水下，不敢越雷池半步。

有两艘舰艇蓄电池能量耗尽，躲进了海峡群岛根西岛的圣彼得港。U—275号潜艇时运不济，随后被飞机炸伤。唯有图克曼海军中尉的U—621号潜艇神不知鬼不觉地突破了"软木塞"封锁，闯过了水面舰艇的三道防线，在通往诺曼底登陆场的主要运输线上占取了阵位，这是一个极其富饶的猎场，到处都有极好的攻击目标。

在巴夫勒尔角，图克曼击沉了一艘坦克登陆舰，并朝两艘美国战列舰发射了鱼雷。鱼雷没有命中战列舰，警戒舰闻警赶来，将图克曼赶出了登陆场。"狩猎"者被逐出猎场刚刚闻到了腥味就被逐出了猎场。

盟军赢得
比斯开湾胜利

这时，有5艘装有通气管的德军潜艇已从挪威基地赶来，它们强行突破了3艘护航航空母舰和6个反潜大队组成的外层防护，杀气腾腾地逼近了英吉利海峡。

1944年6月15日，在兰兹恩德角附近的海面上，U—767号潜艇击沉了"穆尼号"驱逐舰。

不过好景不长，3天后，丹克勒夫刚刚闯入海峡西口，进入盟军两个反潜大队和4艘驱逐舰组成的第一道防线，就被"哈夫洛克号"等3艘驱逐舰发现。3艘舰很快就结果了U—767号潜艇，为"穆尼号"报了血海深仇。

余下的舰艇冒死前进，至6月的最后一周，都成功地溜进了英吉利海峡。但是，它们同样运气不佳，除了一艘侥幸成功之外，其他3艘均被反潜兵力击沉。

24日，一艘惠灵顿式飞机和两艘驱逐舰密切配合，像屠杀羔羊似的只几次攻击，就干掉了U—971号潜艇。

25日，在波特兰海岬附近，"阿弗莱克号"和"鲍尔弗号"一顿猛揍，使U—191号潜艇命归黄泉。

29日夜晚，一架解放者式飞机的利式探照灯罩住了U—988号潜艇露出水面的通气管。在进行深水炸弹攻击之后，飞机召来了就在附近巡逻的4艘反潜舰只。4舰如狼似虎，于次日晨击沉了潜艇。

侥幸进入登陆区的是U—984号潜艇，29日，它朝正在通过塞尔西角的4艘商船连续发射鱼雷，并且全部命中目标。

　　U—621号和U—984号潜艇的成功给彻底溃败的"农夫"艇群带来了一线生机。

　　邓尼茨和克朗克抓住不放，决计做垂死挣扎。他们又派出一艘艘装有通气管的潜艇，继续突击英吉利海峡。但是，在盟军岸基航空兵第十九大队和水面反潜舰只强有力的打击下，它们的反击成效甚微。

　　从1944年6月底至8月底，邓尼茨动用了30艘装有通气管的潜艇，在付出了20艘的重大代价之后，只取得了击沉盟军5艘护航舰只、12艘商船、4艘登陆舰、击伤1艘护航舰只、5艘商船和1艘登陆舰的战果。

⚓ 燃烧的潜艇

和盟军横渡英吉利海峡的数以千计的舰船相比，这实在是一个微不足道的数字。

由于享有绝对的制空权和制海权，盟军登陆一帆风顺，不仅夺取了桥头堡，而且按照计划，有条不紊地向纵深推进。

6月18日，美国陆军第一军楔入科坦丁半岛，7月1日夺取瑟堡；第二十一集团军群以锐不可当之势，于7月9日攻下冈城。

1944年8月4日，盟军在阿弗朗什突破德军防线，逼向了大西洋海岸的各海军基地。

在贝尔璐营地，邓尼茨如坐针毡，惶惶不可终日。他已无法向布勒斯特、洛里昂、圣纳泽尔和拉帕拉斯运送弹药、燃油和潜艇备件了，这些基地已成了名副其实的陆上孤岛。

8月24日至26日，在比斯开湾穷凶极恶一年之后，他下令德国潜艇钻出阴暗的洞库绕过爱尔兰岛和苏格兰岛，向挪威海岸全线撤退。

比斯开湾空潜大战，使希特勒最后一点血本也输得精光，在不远的将来，他将面临的是历史给予他最严厉的惩罚。

183

雷霆万钧

第二次世界大战著名空战

"神风"特攻队

　　1944年秋，在盟军的陆海空全面进攻面前，日本的常规战术难以抵挡，便把最后希望放在一种自杀行动方式——"神风特攻队"上。"神风特攻队"员一旦发现攻击目标，便开机撞过去，与对方同归于尽。这一自杀式攻击方式曾令美军舰队胆战心惊。但因实力悬殊，太平洋战争还是以日本法西斯的战败而告结束，"神风"特攻队也最终覆灭。

日军招募
"肉弹" 飞行员

1944年秋，在盟军的空中、海上与陆地的全面进攻面前，日本的常规战术难以抵挡，便把最后希望放在一种自杀行动方式——"神风特攻队"上。

1944年10月，美军第三舰队所属的空军大队，在东南亚一带对日军占领地实施毁灭性的空中打击。

10月12日，美军600余架舰载机对日军占领的台湾高雄、马公等港实施空袭。230余架日机升空迎战，但都被实战经验丰富的美机打得落花流水。

10月22日，美军又以迅雷不及掩耳之势，在菲律宾群岛中南部面积不大、不为常人注目的莱特岛大举登陆，日军仓皇逃窜。

莱特岛登陆，标志着日军的全面性毁灭的开始。此刻，日本海军的决策者们更是如坐针毡。万般无奈之际，只好实施大本营下达的"奏捷1号作战"命令。所谓"奏捷"即决战胜利之意。日军大本营决定孤注一掷："只有向反攻的敌人进行毁灭性决战，才能扭转战局。"

于是，各兵种纷纷据此制订作战方案，企图做困兽之斗。

这是一个月黑风急的夜晚，海军中将大西泷治郎辗转反侧，难以入眠。

他脑子里总是放不下美国舰只与飞机狂轰滥炸日军的悲惨场面。该怎么对付这些敌人呢？大西苦思冥想了许久。蓦地，他脑海中又闪现出板田房太郎中尉的影子。此人在偷袭珍珠港的战斗中，炸弹扔光了，又发现了美军的飞机库，出于对天皇陛下的忠诚，他驾机一头撞到机库，引起连锁爆炸。这叫特别攻击！

或许是黔驴技穷，大西的这一孤注一掷的自杀作战式的罪恶计划竟然得

到了许多日军将领的支持。

驻守在马尼拉的第二航空战斗队司令官有马正文海军少将对此大加赞赏，积极筹备招募敢死队员。有马身先士卒，亲自参加特攻队。

"神风特攻队"一夜之间在日军大本营广为流传，它下辖"敷岛""大和""朝日""山樱"等数支分队。

大西在召见特攻队第一批飞行员时，歇斯底里地叫嚷：

在这非凡的时代，我们不能不掀起一阵神风。

神风特攻队驾驶的是一种性能较为低劣的飞机，它实际上是一架可以追踪目标的"肉弹"。机上载有烈性炸药1000斤左右，置于飞行员座舱之前。

一旦发现攻击目标，驾驶员便开机撞过去，炸弹同时也爆炸，与对方同归于尽。而且飞行员一律不带降落伞，谁也不希望生还。

日本战机

日军首批"肉弹"
攻击美舰

1944年10月22日，莱特湾战争全面爆发，美日双方都投入了大量空中兵力，以求最后的胜利。但日军在美方强大的进击面前渐渐支撑不住了。看来，他们需要拿出自己的撒手锏——"神风特攻队"。

10月25日清晨，菲律宾莱特湾雾气弥漫，但激烈的大海战不时把天空撕开一道道口子。呼啸的炮弹、巨大的水柱，还有被炮火击中冒着浓烟的军舰，把平静的莱特湾弄得乱七八糟。

上午7时25分，驻守在菲律宾马巴拉卡特飞机场的日本指挥官接到指令，美国航空母舰机动队在菲律宾西方海面上行动，估计是要增援莱特湾海战，宜立即对美军航母实施毁灭性打击！

看来，真正的自杀行动就要从这里开始了。只见9架"零式"战斗机跃上云天。机场上的地勤兵看到，其中5架飞机刚离地，起落架就自行掉了。

这5架飞机就是神风特攻队首批特攻机。座舱里，这些一去不复返的亡命徒们头上扎着白色的缠头。抱着为天皇牺牲的必死信念，这些人一旦发现美舰，就连人带机撞下去，以实现对天皇的效忠。

自杀行动的成员都必须履行这样一个规定，飞机必须先绕机场3圈。这一次，只见5架飞机在机场上空绕场3周，表示向送行的人们告别。地面上全体军人肃立在起飞线，目送着他们远去。

10时40分左右，特攻队飞临莱特湾上空。晨雾早已散去，海面上的一切看得清清楚楚。美军护卫航空母舰等舰船，刚刚经历了一场恶战，好不容易才摆脱了日本海军栗田舰队。他们做梦也没想到，自己还没有来得及歇一口

气，又被神风特攻队盯上了。

对深藏在云端的特攻机，美舰竟毫无防备。尽管舰载雷达天线在转动，但此刻，观察员却趴在荧光屏前睡觉了，他们实在太疲劳了。

10时50分，关行男上尉率领5架特攻飞机到达美舰队上空。说时迟，那时快，5架日机不顾一切地朝舰队俯冲下来。

"敌机！敌机！"一名在甲板上担任观察任务的美军水兵望着直扑下来的日本飞机，惊得大喊起来。

话音未落，关行男的那架装满烈性炸药的飞机已撞上了航空母舰的甲板。随着"轰"的一声巨响，航空母舰上燃起大火。两分钟后，下部汽油引火爆炸，巨大的火柱喷空中300多米……

与此同时，航空母舰周围也相继响起了巨大的爆炸声。其余特攻队的飞机也以同样的方法，"姗鲁号"撞向其他战舰……

5架特攻机，击中4艘美军航空母舰。21分钟后，首先惨遭厄运的慢慢沉

日美战机空中较量 ◆

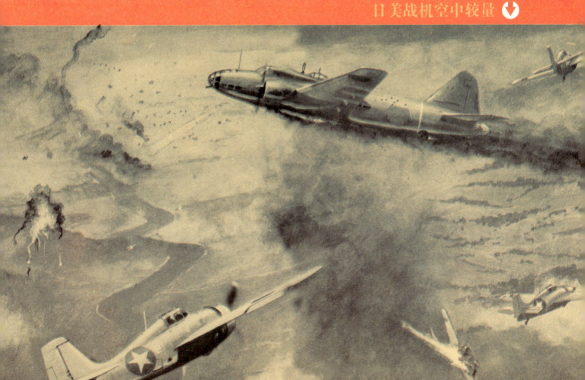

没，另外3艘受到重创。

当天晚上，东京广播电台向全世界播发了神风特攻队首战告捷的新闻。第二天，另一队神风特攻队也想露一手，尝一回当"勇士"的滋味。然而这一回，他们与死神拥抱，但却不像他们的队友那样走运。

这一批也有5架特攻机，分两个批次出击。而当时的美航空母舰正在收容追击栗田舰队后回来的飞机，甲板上，有的飞机刚刚降落，有的正在加油，还有的正准备起飞。

当这一批特攻机呼啸而下时，雷达兵立即发现了日机的魔影。也许有了前一天的教训，各舰队马上组织火力封锁空中航线。

由于以死相拼，特攻队员们几乎是无所顾虑地冲向炽热的火网，笔直撞向护卫舰。飞机贯穿了甲板，撞了一个大洞，当即便有43名官兵受重伤，但燃起的大火很快被早有防备的美国海军扑灭了。

另外几架特攻队飞机未能闯进火网，被护卫舰的炮火和机枪击落，坠入大海后爆炸。不过仍然有一架特攻机，被枪炮击中后，拖着黑烟栽下来时，该机飞行员居然能把行将爆炸的飞机驾驶到战舰上空，并击中机库甲板爆炸。

由于前面几次自杀行动都取得了巨大成功，以致日军更加加紧实行这一方案，而神风特攻队这一自杀式的攻击震惊了美军舰队，许多人谈"神"色变。

"樱花" "玉碎"
触目惊心

由于"神风"初战告捷，日本大本营犹如捞到一根救命稻草，想以此挽回败局。东京的战略家们接二连三地电令大西加快步伐，全力以赴实施"神风"攻击。

然而，"神风"毕竟需要人去充当"肉弹"，而且是要会驾驶飞机的飞行员。有关当局曾打算募集亡命之徒，但这毕竟是一条不归路，无论花多大代价招募，人数还是极为有限。

由于此举难以推行，他们只得另找门路。为掩人耳目，他们还假惺惺地向飞行员保证：

凡志愿特攻之义烈将士，以个人资格配属于作战队，临时编为特攻队，其家人都享有崇高荣誉，予以特殊照顾。

随着战役的推进，志愿赴死的特攻队员越来越少。对大西将军而言，这可不是一个好消息。

1944年11月，当他匆匆赶回东京，向海军部请求增加特攻机和驾机人员时，刚巧有一批被称之为"有人滑行炸弹"，即代号"樱花"的飞行员训练队结束。大西一听高兴万分，立即召见这群"樱花"战士。

这群特攻队员一个个抱着必死的信念。从入队的那一天起，他们就对着天皇的肖像宣誓。接下来，是进行近乎残酷的训练，尤其是直线俯冲科目，要求飞行到百米以下低空拉起来。面对机舱外扑面而来的大海或原野，本能

会使得特别攻击队的飞行员在最后的瞬间闭上眼睛，但闭眼就会影响命中目标的准确度。模拟训练甚至不允许飞行员闭眼。

上级是这样要求他们的：一旦发现目标，"樱花"们就驾着装满炸药的滑翔机从机舱内滑出，向目标做决死撞击。残酷的法西斯式的教育训练，使其中的许多人已经变态，他们几乎不知道为什么活着，只求为天皇陛下速死效忠。大西将军一想到"樱花"就要在美军舰艇上盛开，给美军以沉重打击，不由得喜形于色。

1944年11月下旬，日本刚刚造好当时世界上最大的航空母舰——"信浓号"，做处女航。大西选中的50名"樱花"也搭舰奔赴火线。但由于日方的密码信号早已被美国人一一截获，因此，"信浓号"刚刚驶离军港，美军海军就获得了相关的情报。两艘潜水艇悄悄埋伏在"信浓号"必经的路途上。

此刻，"信浓号"机舱一角，50名"樱花"战士在打扑克、下棋，有几个还在用飞机模型作俯冲动作。似乎前方等待着他们的不是死亡，而是一个

日机被击中坠落

约会。

11月29日，当"信浓号"航行到大孤南方30公里处时，突然舰身猛地一阵剧颤，随即一团烈火腾地燃烧起来。

原来，在水下等候多时的美潜艇就通过声呐发现了该航空母舰，而"信浓号"竟然一无所知。

短短的几分钟内，随着几声猛烈的炸响，美潜艇发射的6枚鱼雷全部命中目标，冰凉的海水从泄漏处喷射。数小时后，"信浓号"沉没，50朵"樱花"尚未绽放就早早凋谢了。

"樱花"凋谢的消息令大西沮丧，但早已经输红了眼的他岂会善罢甘休。他又多方筹集，终于又组成了一支新的"神风敢死队"，准备对敌方进行疯狂的报复行动。

而这支新的特攻队，又被天皇亲自命为"玉碎"行动。

1945年1月5日，"玉碎"行动拉开序幕。

清晨，日本占有的马巴卡拉特机场就忙开了，115架装满炸药的特攻队飞机齐刷刷地停在起飞线上。机舱内，全身戎装的特攻队员待命，他们个个都抱着必死的信念去迎接"胜利"的到来。

大约7时过后，两架奉命侦察的飞机发回电报：在尼多罗岛西方海面发现大批美军舰船。大西中将马上明白了，这是运载美军登陆作战部队的，只有完全阻止其行动，才能为扭转战局争取时间。看来，关键的时刻来到了！大西决心孤注一掷，把剩余的全部神风特攻队飞机都押在"玉碎"行动上。

在浓密的太平洋的晨雾中，15架日军特攻机从马巴拉卡特机场相继起飞。接着，又有8架特攻机迅速飞离易杰克机场，加入这场以血肉作为牺牲品的自杀行动中，同时担任侧攻任务的另外5架特攻机也从安赫洛机场起飞。

仰望着渐渐消失在天际的飞机，大西心中竟生出一丝悲哀。可马上他又露出了凶残的本性，拿起对空话筒狂喊："神风队员们，勇敢地出击，天皇陛下在注视着你们！"

终于，第一批飞机发现了海面上的目标，美军的舰载飞机同时起飞迎

战，但美国人的行动显然已经晚了一步。他们本应在高空予以还击，但遗憾的是，大多数飞机刚刚升上半空，便遭到了特攻队的迎头撞击。"神风"队的这种拼命精神令美军飞行员丧胆。

小田次郎驾驶的特攻机与一架美机相遇，准备格斗的美机还没转过神来，就与特攻机迎头相撞。当然，美军绝不会这样轻易让对方得逞的。几架突袭到美军舰队上空的特攻机，首先便遇到了猛烈的舰载炮火的猛烈攻击。舰船上，许多准备登陆作战的海军陆战队员也操起轻武器对空射击。

一时间隆隆的炮声和"哒、哒、哒"的冲锋枪、轻机枪声响成一片，海面上到处是弥漫的硝烟。左避右闪的大田津子上尉的特攻机冲破高射炮织成的火网，向一艘航空母舰飞驶而下，眼看就要撞上目标，舰上的美国人不由惊得大喊起来。美军的海军陆战队也不含糊，各种轻重武器一齐开火，似乎大田津子被飞蝗般的弹雨击中了，在离航空母舰不远的空中，飞机突然失去控制，一头栽进距航空母舰50米左右的大海中，激起了一股冲天的水柱。美舰上的陆战队员终于松了一口气，一齐雀跃欢呼起来！

这一天双方空战的结果是，大西的"玉碎"行动派出的无数架神风战斗机纷纷在半空中坠毁，根本没有阻挡住美军的舰队，美军的舰船沉没两艘，有7艘受伤。随着美军在菲律宾的登陆，日军大本营在菲律宾的"神风"特攻作战宣告失败。

"神风"队的
死亡攻击

1945年早春，日本海外的占领地渐渐被美国人——攻占。美国人的舰艇与飞机已经铺天盖地地向日本本土进发了。看来，日本人得准备最后的一搏。

一天，当和煦的春风撩开了日本海薄薄的晨雾，呈现在人们面前的却是血雨腥风的战火。

波涛汹涌的海面上，美军舰队摆开阵势，航空母舰威风凛凛，驱逐舰则紧随其后。

日本神风特攻队的"新高"队奉命出击。11架特攻机，全由舰载轰炸机充当，分成了3个编队，飞向战区。

厚厚的云层，为特攻队创造了条件，但还是在距舰队数十公里处被美舰雷达发现了。特攻机不顾一切地向美舰队猛冲，美军战机不时吐出火舌。

日机鱼雷轰炸机

195

　　不一会儿，两架特攻机被击落。特攻机编队队形立时乱了套，给美军拦截带来了困难。特攻机四处奔逃，寻找攻击目标，美机穷追猛打；闹不好会击中自己的飞机。稍一迟疑，神风的第二攻击编队在第一队的掩护之下乘隙突破了防线。

　　空中响起一阵阵尖利的呼啸，一架架特攻机撞向美军舰艇。马上，两艘航空母舰上冒起黑色的烟柱。这场攻守之战实在是太触目惊心了。一架架日军飞机发疯一般直冲向美国航母，航母上的无数炮弹则雨点般落在了前来进攻的飞机上。

　　一时间，天昏地暗，只有爆炸声伴着硝烟不断地响起……终于，势力占优的美军舰队成功地突破神风队的一次次死亡攻击，庞大的美军舰队如期攻到日本硫磺群岛，叩响了东京的前门。

　　日本大本营慌了手脚，可他们已拿不出足够的兵力来抵抗美军的精锐之师。

● 日本自杀式战斗机

这时，唯一被他们作为最后王牌的，只有全力展开"神风特攻队"攻击。

尽管当时的神风特攻队也已日落西山，气息奄奄，但日本的武士道精神仍像鸦片一样刺激着特攻队员的灵魂，他们甘愿为天皇尽忠。

1945年2月中旬起，美军的舰载飞机频频向硫磺岛发动攻势，守岛部队连连告急。最新组成的一支神风特攻队来不及模拟训练，便匆匆升空向美军攻击。

2月21日早晨，32架特攻机黑压压地飞离基地。硫磺岛海面，特攻机与美军展开激战，部分特攻机葬身大海，只有少数特攻成功。尽管如此，这一誓死的自杀行动还是给美军带来了巨大的损失：这天美军一艘军舰、4艘运输船被击沉，还有3艘舰船受重创。

然而，力量的悬殊又使得最后的结果难以改变："神风"队最终还是未能保住硫磺岛。3月初，美军海军陆战队在硫磺岛实施登陆成功。

硫磺岛失守，东京门户洞开，扭转败局已经不可能了。但日本军界仍然把希望寄托在本土决战上。

1945年3月21日，美军3艘航空母舰游弋于日本本土南方约4000公里的海面上。隐藏在云海深处的日军侦察机反复观察，竟没有发现舰队应该配备的护航飞机。

情报传到大本营，这帮输急了的赌徒像突然摸到一张救命牌。他们认为，进行全面反攻的时刻终于就要到来了！

"樱花出动！"日军神风特攻队觉得机会来了。此刻，机舱内"樱花"们一个个头缠白布，搭乘在"滑行炸弹"上，等待着他们引以为荣的时刻。

这种"滑行炸弹"的威力美国人早已经领教过了：它是由一种滑翔机改装的，其头部装有一颗1200公斤的大炸弹，尾部还装着推力达800公斤的火箭发动机，从高空投放后的最大时速竟达876公里。

而当时美军最厉害的飞机也只有时速700公里。因此，他们只要瞄准了目标，就会快速度冲过去，与对手同归于尽。

雷霆万钧

　　11时35分，野中少校指挥的18架飞机腾空而起。没想到，新的情报送来了，美军航空母舰上的护航力量远远超出日军的估计，特攻作战难以成功。

　　这是怎么回事呢？

　　原来，美国人早就料想到日本人会使出这最后的撒手锏。因而他们将计就计，故意先隐藏其空军主力，待日军出动后立即展开攻击。这一招果然十分有效！

　　日本人知道得实在太晚了！

　　美军的50架战斗机已向特攻队机群发起了猛烈攻击。护卫的日本战斗机左冲右突，但终因寡不敌众，仓皇落败。

　　日机为了与美飞机对抗，为减轻机载重量，只好舍弃了搭乘的"樱花"。

　　在一阵阵"天皇陛下万岁"的喊叫声中，一朵朵"樱花"跃出机舱，消失在浩瀚的云海中。

　　即使如此，仍有14架特攻机被击落，有两架企图撞击美机未遂，一头栽向大海再也没有返航。

　　终于，"樱花"行动又一次被扼杀在摇篮之中。

冲绳战役中的
"肉弹" 末路

　　冲绳，是日本的一个美丽的长形岛屿。岛的四周有许多陡峭的山岩、高耸入云的断崖，还有无数天然的溶洞，挂着一串串神态各异的钟乳石。

　　1945年4月1日，美军开始向冲绳挺进。这当然不是因为它的美丽，而是因为它具有极其重要的战略地位。这个长达95公里的岛屿，是通往荷属东印度石油地带的必经之路，又处于中国沿岸的位置。

　　对盟军来说，冲绳是攻向日本的最后跳板。为了能早日攻下这个战略要塞，美国人几乎投入了所有的海军与空军。如此重要的战略地位，日本大本营已下死命令，不惜一切代价，誓死守住冲绳。于是，在这种危急情形之下，"神风"特攻队又一次首当其冲，充当侵略战争的炮灰。

　　当时，日本陆军总参谋部是这样估计的：只要能集中4000名"滑翔人弹"，就可以把盟军总兵力的40％全部消灭，到那时，日军甚至还有可能进行全面反击，收复已经丢失的太平洋一带大片占领地。

　　4月12日，日军出动了80架神风特攻机，18个"樱花"搭机前往。为避免遭到美军拦截，攻击编队采取4条航路，分头向冲绳冲击。装载"樱花"的陆军攻击队18架飞机冲在最前头。这时，机翼下出现了盟军舰队。"准备出击！"为首的日本空军指挥员大喊一声，随机人员立即拉出炸弹飞机"樱花"。顿时，机舱门洞开，载着几名日军的"樱花"飞向目标。数分钟后，"樱花"在美军驱逐舰上盛开，50分钟后，该舰沉没。

　　此次小规模进攻虽取得一定成效，但仍没能完全阻止美军咄咄逼人的攻击势头。在参加对日作战的所有舰只中，有一艘航母最令日本人恼火，那就

是美国海军"企业号"航空母舰。这是一艘老牌舰，几乎参加了每一场海战，并先后击沉了70多艘敌舰，击落了千余架飞机。日本人将"企业号"视为眼中钉，千方百计地想把它拔掉。

1945年5月15日早晨，日军侦察机发现了"企业号"的行踪。很快，25架"神风"特攻机迅速从西南方飞来，直往航空母舰冲去。"岂能让敌人轻易得手！"在美军舰队司令的指挥下，盟军的拦截异常勇猛，格斗战术远远超出日军刚刚训练完毕的"神风"飞行员。只见一架架"神风"机在半空便被击落，被汹涌的大海吞没。

只有一架特攻机完成了真正的使命，撞入了"企业号"的正中央，穿透了三层甲板。由于早做防备，抢修分队动作灵敏，进水口被堵住，"企业号"终于没有沉没。

此后，为了阻止美舰的进攻，日军又先后投入了8批"神风敢死队"队员，其规模之大、来势之猛、攻击之狂、破坏之烈，令美国海军心惊肉跳。

◆ 迎战的美国战机

　　这一战役的结果是：日军共击沉美舰36艘，击伤368艘，击毁美军舰载机735架，令美国舰队司令大为震惊。但毕竟实力悬殊，不久，冲绳岛终于失守。随着冲绳岛的失守，太平洋战争以日本法西斯的战败而告结束，"神风"特攻队也最终覆灭。

　　诚然，任何残暴的幻想，都无法挽救日本法西斯灭亡的命运，但日本"神风"特攻队这一野蛮而残酷的行径，却给人留下了永久的恐怖记忆。日本空军这种疯狂的反击作用虽不大，但足见第二次世界大战中他们作为战争狂的狰狞面目。

图书在版编目（CIP）数据

雷霆万钧：第二次世界大战著名空战 ／ 胡元斌主编
. ——北京：台海出版社，2013.8（2021.5重印）
（第二次世界大战纵横录）
ISBN 978-7-5168-0245-8

Ⅰ.①雷… Ⅱ.①胡… Ⅲ.①第二次世界大战战役—
空战—史料 Ⅳ.①E195.2

中国版本图书馆CIP数据核字(2013)第188560号

雷霆万钧：第二次世界大战著名空战　　第二次世界大战纵横录

主　编：胡元斌　严　锴

责任编辑：孙铁楠　　　　　　　　装帧设计：大华文苑
版式设计：大华文苑　　　　　　　责任印制：严欣欣　吴海兵

出版发行：台海出版社
地　　址：北京市东城区景山东街20号　　邮政编码：100009
电　　话：010—64041652（发行，邮购）
传　　真：010—84045799（总编室）
网　　址：www.taimeng.org.cn/thcbs/default.htm
E-mail：thcbs@126.com

经　　销：全国各地新华书店
印　　刷：北京九天鸿程印刷有限责任公司
本书如有破损、缺页、装订错误，请与本社联系调换

开　　本：710×1000　　　1/16
字　　数：210千字　　　　　　　　印　张：13
版　　次：2014年1月第1版　　　　印　次：2021年5月第4次印刷
书　　号：ISBN 978-7-5168-0245-8

定　　价：48.00元